L'auteur de l'Armorial *voudrait avant tout faire une œuvre consciencieuse, exempte, s'il était possible, d'omissions et d'erreurs.* Il s'adresse à toutes les familles qui ont le droit de voir figurer leur nom dans cette publication, à tous les amis de l'histoire et de l'archéologie de notre province, les priant instamment de lui envoyer le plus tôt possible les renseignements, — et, s'il y a lieu, les rectifications, — qu'ils pourraient lui fournir et qu'il recevra toujours avec gratitude.

J. D

Perriers (des) de la Roche-d'Iré.

D'azur à dix billettes d'or posées quatre, trois, deux et une.

Sceau. — Mss. 703.

Perrin (du), v. Perin.

Perrin de la Chapelle-Blanche.

D'azur à un agneau pascal d'argent sur un terrain de sinople et un chef de gueules, chargé de trois croissants d'argent; parti d'or à trois bandes d'azur et un chef de même.

D'Hozier, mss., p. 166.

Perrine (de la), v. Giffart, — des Hayes.

Perrinnière (de la), v. Gibbot.

Perrochel (de) ; — dont Henri, dernier abbé de Toussaint d'Angers, 1783-1790, puis ministre de la République en Helvétie ; Valentin, trésorier de France de la généralité vers 1600 ; un député de la Sarthe, mort en 1881.

D'azur à deux croissants en chef et une étoile en pointe, le tout d'or.

Cauvin, Arm. du Maine, p. 178. — Carré de Busserolle, p. 749.

Perrochère (de la), v. des Hommeaux.

Perropin (de), v. d'Avaugour.

Perrot des Courtils, — de la Craie, — du Plessis, — de la Bourdillère ; — dont Claude, grand maître des eaux et forêts de France aux départements d'Anjou, Touraine et Maine.

D'azur à deux croissants d'or (ou d'argent) adossés et posés en pal, au chef d'argent (ou d'or) chargés de trois aigles à deux têtes éployées de sable.

Carré de Busserolle, p. 750.

Peroussaie (de la), v. de Sorhoëtte, — du Pont, — Percault.

Persacq.

D'argent à deux loups de gueules passants l'un sur l'autre.

D'Hozier, mss., p. 1020.

Persimon (de), v. Asson.

Perusse (de) des Cars.

D'or au pal d'argent contrevairé d'azur.

Sceau. — *Alias : De gueules au pal de vair appointé et renversé.*

Devise : *Fais ce que doys, advienne que pourra.*

Pervigne (de la), v. de la Hunne.

Pesassière (de la), v. Hocquedé.

Pescherat.

D'argent à la fasce ondée d'azur accompagnée de six merlettes de sable.

Mss. 993.

Pescheseul (de), v. de Champagné, — Barin, — du Puy du Fou.

Pesselière (de la).

D'argent à une merlette de sable en chef, et trois roses de gueules en pointe.

Audouys, mss. 994, p. 140. — Mss. 995, p. 95. — Gencien, mss. 996, p. 57.

Petaud du Colombier.

De gueules semé de billettes d'or au lion rampant d'argent armé, couronné et lampassé d'or.

Mss. 439.

Petit (du).

D'azur à une croix d'argent cantonnée de quatre trèfles de même.

D'Hozier, mss., p. 939. — V. Le Maczon.

Petit de Chemellier, — de Salvert, — de la Royrie, — de Taillepied, — de Pied-Felon, — de Seneil, — de la Saulaye, — des Berardières, — de la Pichonnière, — de la Roussière, — du Rivau, — de la Rivière, — de la Rimbertière.

De sable au cœur d'or péri en abîme accompagné de trois croisettes pattées de même, deux en chef et une en pointe.

Mss. 439. — Audouys, mss. 994, p. 133. — Roger, mss. 995, p. 11. — Gohory, mss. 972, p. 62. — Mss. 995, p. 108. — Gencien, mss. 996, p. 56. — Gaignières, Armorial, mss., p. 54, dit simplement : *trois croisettes d'or...*

Petit de la Besnerie, — de la Guerche, — de Saint-Amand, — de la Boullaye, — de Blaison, — de Turcan, — d'Ardenay, — de Chaligné, — de Chaudron ; — dont François, commandeur de l'Ile-Bouchard, 1645.

De gueules à la bande d'argent chargée d'un lion de gueules, armé et lampassé de gueules.

Audouys, mss. 994, p. 137. — Le mss. 703 dit : *le champ de sable* au lieu *de gueules...*

Petit du Petit-Hôtel, — de Saint-Cir, — de Sargé.

D'azur à un chevron d'or accompagné en chef de deux trèfles d'argent et en pointe d'une molette de même.

D'Hozier, mss., p. 727.

Petit de Tailleprest.

D'or à une bande de gueules écartelé de gueules à une barre d'or.

D'Hozier, mss., p. 1510.

Petit de la Roirie.

D'azur à trois chevrons d'or.

D'Hozier, mss., p. 1140.

Petit-Bois (du), v. du Cellier.

Petit-Chastelier (du), v. de la Corbière.

Petiteau.

D'argent à un chevron de gueules, accompagné en chef de deux étoiles et en pointe d'une aigle de même.

D'Hozier, mss., p. 523, 587.

Petite-Gaudrée (de la), v. Chalopin.

Petite-Orchère (de la), v. Erreau, — Dubois, — Guesdon.

Petite-Ville (de la), v. Musseau, — Chiquesné.

Petit-Fontenay (du), v. Baralery.

Petit-Hôtel (du), v. Petit.

Petit-Jean (de).

D'argent à une barre de gueules, écartelé de gueules à une bande d'argent.

D'Hozier, mss., p. 1530. — V. de Joachim.

Petit-Mandon (du), v. de Mandon.

Petit-Marcé (du), v. Reverdy, — d'Andigné, — Rousseau.

Petit-Pont (du), v. de Carion.

Petit-Riou (de), v. Loriot.

Petit-Thouars (du), v. Aubert.

Petittière (de la), v. Pillot.

Petit-Tremblay (du), v. de l'Angelerie.

Petrineau des Noulis, — de la Margottière, — des Mortiers; — dont René, avocat au présidial d'Angers, 1630; Nicolas, président de la prévôté d'Anjou, historien d'Anjou, xviiᵉ siècle.

De gueules à trois tours d'or posées deux et une.

D'Hozier, mss., p. 887 et 896. — Audouys, mss. 994, p. 143.

Peu.

D'or à une bande de sable.

D'Hozier, mss., p. 1196.

Peuton (de), v. Bouchard.

Pezé (de); — dont un docteur en médecine de Beaufort, XVIe siècle.

D'argent à huit losanges de sable, cinq sur la ligne du chef et trois sur celle de la pointe.

Mss. 993.

Pezelière (de la) du Chastelet, v. de la Cheffolière.

Phelipeau de Pontchartrain.

D'azur semé de quatre feuilles d'or au franc canton d'hermines.

Audouys, mss. 994, p. 138.

Phelippe des Aires.

D'argent à la tête de lion arrachée de gueules.

Audouys, mss. 994, p. 137. — V. Beaumont.

Phelippeau.

D'argent à une croix de sinople.

D'Hozier, mss., p. 886.

Phelippeaux.

D'or à une fasce d'azur chargée de trois besans d'or.

D'Hozier, mss., p. 935.

Philbert.

D'azur à une bande d'argent.

D'Hozier, mss., p. 1021.

Piart (de), v. de Lancrau, — du Chastelet.

Piau.

De gueules à trois étoiles d'argent.

D'Hozier, mss. p. 1215.

D'argent à une bande de gueules.

D'Hozier, mss., p. 1194.

Picault de la Férandière, — de Ligré, — de Gilliers, — de la Pommardière, — de la Besnardière ; —

dont Jehan Picault, officier du prince de Condé, 1587 ; Jean, commissaire du roi, prévôt provincial de Touraine, 1695, puis religieux à la Trappe ; Abraham Picault, écuyer, sieur de la Férandière, fourrier du Corps du roi, 1645 ; deux autres fourriers du Corps du roi, 1670, 1724 ; un capitaine au régiment de Normandie, 1689 ; Joseph-François, mousquetaire du roi, 1712, conseiller et procureur du roi à l'élection de Chinon, 1742 ; plusieurs autres conseillers à la même élection, et un échevin à l'Hôtel de Ville de Chinon, de 1692 à 1790 ; un chanoine de Candes, 1789 ; deux conseillers à la Cour d'Angers, dont le premier honoraire en 1877.

De sinople à trois têtes de coq arrachées d'argent, deux et une.

D'Hozier, mss., pp. 637 et 753. — Carré de Busserole, Armorial de Touraine, p. 758, cite encore les armes suivantes :

D'azur à une tour d'or et d'azur à une gerbe d'or surmontée d'un coq de même adextrée d'une étoile aussi d'or, accompagnée en pointe d'un croissant de même.

Picarderie (de la), v. de Mauguy.

Picaudière (de la), v. Aubin.

Pichardais (de la), v. Bernard.

Pichat de Montbrun.

De sable à un chat d'argent.
D'Hozier, mss., p. 1259.

Picherie (de la), v. Mulet.

Pichonnière (de la), v. Petit, — de Thorodes.

Pichery de Lorme, — de Meigné, — de Fontaine.

D'azur à une flèche d'or accompagnée de cinq étoiles de même po-
sées deux en chaque flanc et une en pointe, au chef d'argent chargé
d'une ancre de sable accompagnée de deux mouchetures d'hermines.
Audouys, mss. 994, p. 143.

Picores du Plessis.

D'or à la croix pattée et alaisée de gueules.
Gencien, mss. 996, p. 57.

Picqueneau (René), imprimeur et libraire de l'Université d'Angers, XVIᵉ siècle, portait pour marque dans un
ovale :

Un maçon construisant une tour et une muraille.
Légende : *Ad superiora ex infimis.*

Pidoussière (de la).

D'argent à trois pattes d'ours de sable posées en fasce.
D'Hozier, mss., p. 1433.

Pidouxe ; — dont Gabriel, docteur en médecine à
Saumur, XVIᵉ siècle.

De sable à trois macles d'or appointées en cœur.
Mss. 993. — Sceau.

Piedbon de la Tremblais.

D'or à trois pattes d'ours de sable posées deux et une.

D'Hozier, mss., p. 892.

Pied-Flon (de), v. Petit.

Piedouault (de) de Leffrayère, — de la Hardière, — de la Plesse-Piedouault, — de la Vollerie, — de Larue, — de Jallais ; — dont Guillaume, taxé deux écus pour la rançon du roi Jean en 1360, entre les nobles de Montrevault.

De gueules à trois besans d'or, posés deux et un, ou d'azur à trois besans d'argent.

Audouys, mss. 994, p. 131. — Le mss. 703 dit : *annelets* au lieu de *besans*... — Roger, mss. 995, pp. 19, 43, et le mss. 993 disent : *De gueules à trois besans d'argent.* — Le mss. 995, pp. 64, 96, et Gencien, mss. 996, p. 57, disent... *D'azur à trois besans d'or.* — V. Jouet, — Gourreau.

Pierre (de la) de Fremeur, — de la Forêt, — de Salles, — de Pendreff, — de Talhouet, — de Kermadian ; — dont Jean-Toussaint, chevalier de Saint-Louis, gouverneur de Montmédy, de l'Ile Minorque et de Mahon, 1759, père d'un maréchal de camp, aussi chevalier de Saint-Louis et de la Légion d'honneur, chef de la légion de la garde nationale de Seine-et-Marne, 1813.

D'or à deux fasces de gueules.

Supports : *Deux licornes.*

Carré de Busserolle, p. 760. — Sceau. — V. du Breil — du Plessis, — Bahourd.

Pierre-Basse (de), v. Le Large, — Testu, — Chantelou.

Pierredame (de) de Morin, — de Dampierre.

D'azur à une croix d'or.

D'Hozier, mss., p. 1020. — V. Dampierre.

Pierrefite (de), v. de Bonchamps.

Pierre-Fort (de), v. Fresneau.

Pierrepont (du).

De gueules au chef denté d'or.
Sceau.

Pierrerue (de), v. Aimard.

Pierres (de) du Plessis-Baudoin, — de la Porte-Mau-veslin, — de la Boutinière, — de la Chevrie, — de Princé, — de l'Écotière, — de Marsay, — de Rilly, — de Nueil, — de la Cave, — de Bouhardy, — de Maubrelin, — de la Cour-au-Berruyer, — du Fougeray, — de l'Epronnière, — de Fontenaille, — de la Houssaie, — de la Perraudière, — de Bellefontaine, — d'Epigny, — des Gardes, — de la Boni-nière, — de Beaurepaire, — de Viannay, — des Espeaux, — de Varennes, — de Mons, — des Pins, — du Poirier, — de Chaillou, — de la Bigottière, — de Chazé, — de la Guerye ; — dont Lancelot-Pierre, chevalier de Malte en 1595 ; Guy, chanoine, vicaire-général d'Angers, 1498, doyen de Chemillé ; Guy, neveu du précédent, abbé du Perray-Neuf et vicaire-général d'Angers en 1540 ; Jean, abbé du Perray-Neuf, 1545, puis abbé de Saint-Maur-sur-Loir, 1571, et doyen du chapitre d'Angers ; Daniel, cheva-lier de Saint-Louis, 1789.

D'or à une croix pattée et alaisée de gueules.

Cimier : *Un ours issant tenant une pierre en une de ses pattes*, et ces mots : *Ours lance—pierres.*

Devise : *Pour soutenir loyauté.*

Gohory, mss. 972, p. 65. — Mss. 703. — Audouys, mss. 994, p. 132. — Mss. 439. — Armorial, mss. de Dumesnil, p. 17. — Roger, mss. 995, p. 6. — Mss. 995, p. 87. — D'Hozier, mss., p. 105, 425. — Gaignières, Armorial, mss., p. 51. — D'Hozier, mss, p. 1059, donne aux Pierres de Fontenaille : *De gueules à un château formé de trois tours d'or.*

Pierrière (de la), v. Fumée.

Piffard ; — dont Gilles, curé de Montjean, 1687-1720.

D'or à trois fasces de gueules.

D'Hozier, mss., p. 870.

Pigeot.

D'argent à trois pigeons d'azur, becqués et membrés de gueules, deux et un, et une étoile de gueules en cœur.

D'Hozier, mss., p. 752.

Pigerie (de la), v. Ragon, — de Quinemont.

Pignerolles (de), v. Avril, — Eveillard.

Pignoneau (de) des Minottières, — des Brières ou des Bruères, — de Bois-Gigon, — de la Roche-Belin, — du Theil, — de Beaumarchais.

D'argent à la fasce fuselée de gueules.

Sceau. — Quelques membres de la famille, d'après M. Carré de Busserole, *brisent d'un lambel de gueules...*

Piguenoyn (du), v. du Boschet.

Pihan.

D'or à une fasce de gueules chargée de deux pies d'argent se re-
gardant l'une et l'autre.

D'Hozier, mss., p. 1345.

Pile-Saint-Mars (de la), v. de Broc.

Piletières (des), v. Blouin.

Pilgault du Temple.

De gueules à la fasce d'argent, accompagnée de trois têtes de léo-
pard de même, deux en chef et une en pointe.

Gaignières, Armorial, mss., p. 72. — Audouys, mss. 994, pp. 140,
136. — Roger, mss. 995, p. 17. — Gohory, mss. 972, p. 42.

Pillardaye (de la) v. de la Perretière.

Pillaudière (de la), v. de Vaulx.

Pillavoine.

D'argent à deux pilons de sable.

D'Hozier, mss., p. 1279.

Pille (de la), v. Le Roux.

Pilletière (de la), v. Tibergeau, — de Marbeuf, — de
Maumeschin, — des Piletières.

Pilletterie (de la), v. d'Amaury.

Pillois.

D'azur à un pilon d'or.

D'Hozier, mss., p. 1383.

Pillois (de) ou de Pilois de la Coquemillière, — de Montigny.

D'or au lion de gueules.

Audouys, mss. 994, p. 139. — Mss. 439.

Pillon de Saint-Chéreau, — de l'Espinardière, — de la Pilloire, — de Mauleuvrier, — de Miré ; — dont plusieurs échevins de la ville du Mans, de 1586 à 1681 ; des magistrats au Châtelet de Paris, de 1650 à 1696 ; deux conseillers au Présidial du Mans, Arnoul, en 1700, et Louis-Claude-François, en 1747 ; Antoine, commissaire aux revues, 1713 ; Antoine, chanoine, trésorier du chapitre royal du Gué-de-Maulny, mort en 1746 ; Louis, chanoine du Mans 1782 ; Théodose, officier à l'armée royale, 1815 ; Charles, président du Tribunal de La Flèche, 1871.

Coupé, au premier, d'argent au buste humain tenant de sa main dextre l'épée haute flamboyante de sable (1) (aliàs : Au bras droit armé de sable, mouvant du flanc senestre de l'écu, tenant l'épée haute flamboyante de gueules) ; au deuxième, de gueules à trois pals d'argent.

D. P. — Sceau. — Gravure *ex-libris* de 1775. — Le Paige, Hist. du Maine, t. I, p. 257, t. II, p. 417. — Revue hist. et arch. du Maine, t. II, pp. 417 et 423, t. III, p. 153. — Mémoires du Chan. Nepveu de la Manouillère, t. I, pp. 184, 215, t. II, pp. 16 et 378. — De Maude, Arm. du diocèse du Mans, 1868, p. 23. — D'Hozier, Armorial, mss. 1696. (Alençon, p. 1110, Paris, t. I, pp. 256 et 1269, t. II, pp. 69 et 987.) — De Courcelles, Armorial, 1820, t. II, p. 194.

Pillot ou Pillotte de la Gimonnière ou des Germonnières, — de la Petittière, — de Jonchères, — de Malvaux, — de la Barollière, — des Ysiers, — de la Gemonnière,

---

(1) Cette pièce de l'écu rappelle le souvenir de Collin Pillon, officier de Louis XI, qui épousa en 1472, Jeanne Hachette, l'héroïne de Beauvais.

— de la Guyonnière ; — dont Jacques, chevalier de Saint-Louis en 1789.

D'argent à trois coquilles de sable.

Gohory, mss. 972, p. 58. — Audouys, mss. 994, p. 135. — Gencien, mss. 996, p. 57. — D'Hozier, mss., p. 331 et le mss. 439 donnent à un Pilot de la Gémonnière et de la Guyonnière :

De sable à une fasce d'argent accompagnée de trois coquilles de même, deux en chef et une en pointe.

D'Hozier, mss., donne également, p. 1348, à Charles, curé du Longeron, mort en 1721 : *D'azur à un pilon d'or accompagné de trois croissants d'argent, deux en chef et un en pointe.*

Pillotière (de la), v. Charbonneau.

Pilorgerie (de la), v. Luet.

Pilot, v. Pillot.

Piltais (de la), v. Lyrot.

Pimpéan (du), v. de Beauveau, — Robin, — de la Lande, — Barjot.

Pin (du), v. Bazile, — Le Bascle, — Cuissart, — Dumortier, — de la Faucherie, — Chotard.

Pineaudeau (Jean), abbé de Chaloché, en 1569.

Pineaudière (de la), v. de Brye,

Pincé (de).

De gueules à une croix ancrée d'argent.

D'Hozier, mss, p. 917. — V. du Bois.

Pincé (de) de Beauvoy, — du Bois, — de la Garenne, — de Chambrezais, — de la Roë, — des Brosses-Saint-Melaine, — du Coudray, — des Roches, — de St-Léonard, — de Noirieux, — de Beuzon, — de la Lizardière, — de Montriou, — de la Bijarière, — de Parigné, — des Monceaux, — de la Fuye, — des Essarts, — de la Rue; — dont cinq maires d'Angers, Mathurin en 1494, Pierre, lieutenant du juge d'Anjou et maire d'Angers en 1511, auquel succéda Jean en 1511, réélu en 1515 et 1538, Hervé en 1536 et Christophe en 1538; Pierre, chevalier de Saint-Michel, maître des comptes et maître d'hôtel ordinaire du roi, 1598; Jacques, conseiller du roi, maître ordinaire de ses comptes, 1584; René, conseiller d'État, poète, 1615.

D'argent à trois merlettes ou trois pinsons de sable posés deux en chef et un en pointe, et en cœur de l'écu une étoile de gueules de six rais.

Mss. 703. — Audouys, mss. 994, p. 131. — Mss. 439. — Gaignières, Armorial, mss., p. 81. — Roger, mss. 995, p. 6. — Gencien, mss. 996, pp. 1, 4, 3, 58. — Gohory, mss. 972, pp. 144, 146, 147, 150. Le même, p. 98, donne les armes suivantes : *D'argent à trois merlettes de sable*, ainsi que Roger, mss. 995, p. 6, et le mss. 995, p. 117. — D'Hozier, mss, p. 296, donne aux de Pincé : *D'argent à trois merlettes de sable et une orle de gueules.*

Pinçon de Boutigné.

D'argent à sept mouchetures d'hermines de sable posées trois, trois et une, au chef d'or chargé de trois losanges et deux demis de gueules.

Audouys, mss. 994, p. 141. — V. Pinson.

Pineau (du) de Thouarcé.

D'or à trois pommes de pin de gueules la pointe en haut, posées deux et une.

Gohory, mss. 972, p. 53. — Mss. 703. — Gaignières, Armorial, mss., p. 50. — Roger, mss. 995, p. 10. — Gencien, mss. 996, p. 58. — Audouys, mss. 994, p. 135. — D'Hozier, mss., p. 1256, donne aux du Pineau : *De gueules à une pomme de pin d'or.*

Pineau (du) de la Chaubruère, — de Montergon ; — dont Gabriel, maire d'Angers en 1632, conseiller au présidial et jurisconsulte ; Claude, avocat célèbre, originaire de Saint-Florent-le-Vieil, xvi⁰ siècle.

D'azur au chevron d'or accompagné de trois pommes de pin de même la pointe en bas.

Gohory, mss. 972, p. 161. — Mss. 703 et 439. — Gencien, mss. 996, p. 7. — Audouys, mss. 994, p. 139. — Gaignières, Armorial, mss., p. 90, dit : *De gueules au chevron d'argent...* — V. Gabory, — Dumesnil, — de Mancé, — des Herbiers.

Pineau de la Trosnière.

D'argent à trois fasces de gueules au franc quartier d'azur chargé de trois losanges d'or en bande ou en fasce.

Sceau.

Pin-de-Preau (du), v. de Saint-Remy.

Pinelière (de la), v. de la Planche.

Pinet (du), v. de Raphellis.

Pinguet.

D'azur à une fasce d'argent chargée de trois roses de gueules.

D'Hozier, mss., p. 982.

Pinnière (de la), v. Thibault.

Pinot de la Simpraisse.

D'azur au chevron d'or accompagné en chef de deux roses d'or et en pointe d'une aigle éployée de même.

Audouys, mss. 994, p. 136. — Mss. 995, p. 119.

Pins (des), v. de Baïf, — Roussard, — Belin, — Deniau, — de la Chesnaye, — de Pierres.

Pinson Maimione.

D'azur au chevron d'argent accompagné de trois trèfles d'or, deux en chef et un en pointe.

Audouys, mss., 994, p. 138. — V. Pinçon.

Pinsonnière (de la), v. L'Homme.

Piolin du Bois-Dussay.

D'argent à trois cors de chasse de sable.

D'Hozier, mss., p. 934.

Piquet.

D'azur à trois tours d'argent.

D'Hozier, mss., p. 1206.

Pirault.

D'azur à deux barbeaux adossés d'argent.

D'Hozier, mss., p. 1132.

Piret.

D'or à trois fasces ondées d'azur.

D'Hozier, mss., p. 1135.

Pisseleu (de), dont Charles, abbé de Saint-Aubin d'Angers, évêque de Condom, 1541, et abbé de Bourgueil, 1557.

D'argent à trois lions de gueules.

Mss. 995, p. 70.

Pissonnet de Bellefonds, — de Lancrau, — des Touches et de la Touche, — de l'Epronnière, — de la Gravelle, — de la Roche-Clérimbault, — du Verger, — de la Jousselinière ; — dont Guillaume, anobli en 1697.

D'azur au chevron d'or accompagné de trois losanges de même deux en chef et un en pointe.

Audouys, mss. 994, p. 139. — D'Hozier, mss., p. 91.

Pitard de la Brizollière ; — dont Jacques, chevalier de Saint-Louis en 1789.

D'azur à un monde d'or accompagné en chef de deux étoiles et en pointe d'un croissant de même.

Mss. 993.

Pitard [ooxte ?].

D'hermines à une bande de gueules.

D'Hozier, mss., p. 976.

Piverdière (de la), v. Guérin.

Placé (de), v. de Saint-Germain.

Place (de) ou de Plas ; — dont Toussaint, forésien, en 1591 ; Jean-Baptiste, philologue, 1713 ; Guy-Marie, écrivain, 1772 ; Étienne, jésuite, 1785 ; Charles, prédicateur, archiprêtre et chanoine de Notre-Dame de Paris, 1804 ; Gustave, général, grand officier de la Légion-d'Honneur, né en 1813 ; Émile, lieutenant de vaisseau, commandant des mobiles de Maine-et-Loire en 1870, né en 1818 ; Henri, ingénieur, 1832 ; Louis, officier de cavalerie, 1848, etc.

De gueules à une main dextre appaumée d'or.

Devise : *In fide robur.*

D'Hozier, armorial, mss. généralité de Limoges, p. 159. — Annuaire de Borel d'Hauterive, 36e vol. (1880), p. 184.

Place (de la), v. du Chastelet.

Places (des), v. Gaultier, — Marquis.

Plaine (de la), v. de Chenedé, — de Maussé, — de la Croix.

Plaines (des), v. de la Lande.

Planche (de la) de Ruillé, — de l'Anerie, — des Haies, — de la Pinelière, — du Plessis-Bourré ; — dont Jean, député de la noblesse d'Anjou en 1789, maire d'Angers en 1793, fusillé en 1794 ; Geoffroi, combattant à Acre, 1190.

D'azur à cinq fasces ondées d'argent.

Versailles, salle des Croisades. — Audouys, mss. 994, p. 135. — D'Hozier, mss., p. 435. — Mss. 439. — Mss. 703. — Roger, mss. 995, p. 10. — Gencien, mss. 996, p. 58. — Gaignières, armorial, mss., p. 45, et Gohory, mss. 972, p. 46, ne donnent que *trois fasces d'argent...* — M. de Champagné, cité par Audouys, dit... *D'argent à cinq fasces ondées de sable,* tandis que M. de Busserolle renverse ces émaux. — D'Hozier, mss., p. 1407, dit aussi... *fascé d'or et de sable de huit pièces à une bordure de gueules...* Le même, p. 1217, donne aux de la « Plance Ruillé » les armes suivantes : *De sable à un sautoir componé d'argent et de gueules.* — V. Le Pannetier, — Vaujoieux.

Planchefort de Mirabeau, — du Vau, — de la Jumellière, — de Saint-Lambert-du-Lattay.

D'or à un sautoir de sable cantonné de quatre lionceaux d'azur, armés et couronnés de gueules.

Audouys, mss. 994, p. 134. — Gohory, mss. 972, pp. 53 et 55. — Mss. 995, p. 117. — Gencien, mss. 996, pp. 58 et 68. — Gaignières, arm., mss., p. 72. — Roger, arm., mss., p. 10.

Planes (de), v. de Prie.

Plante (de la), v. L'Espagneul, — Mauvif.

Plantes (des), v. Jallet.

Plantis (du) du Landreau, — de la Guyonnière; — dont un gouverneur d'Anjou; Jean, taxé deux écus pour la rançon du roi Jean en 1380 entre les nobles de Montrevault.

D'or fretté de sable.

Mss. 703. — Gohory, mss. 972, p. 117. — Audouys, mss. 994, p. 131. — Gaignières, Armorial, mss., p. 8. — Mss. 995, pp. 81, 89. — Le même, p. 103, Gohory, p. 42, et Gencien, mss. 996, p. 57. disent... *d'argent* au lieu *d'or*... Cette maison a écartelé de la Guyonnière et de Rouhauld. — V. de Sanzay, — Frain, — Boylesve, — Gauvin.

Plassis (du), v. Picores.

Plateau (du), v. Fleuriot.

Plesse (de la), v. de Guyard, — Grandet, — de Carrières, — Chalopin, — de Salles, — Clérembault, — d'Avangour, — Callon, — de Piedouault, — Boguais, — de Laval.

Plesse-Clérembault (de la), v. de Rochechouart, — de Clérembault.

Plesse-Piedouault (de la), v. de Piedouault.

Plessis (du).

D'azur à trois fleurs de lis d'or au chef d'or chargé de trois quintefeuilles d'argent.

Mss. 993. — V. Dauvet, — de Dampierre, — d'Escoubleau, — d'Escolin, — Girault, — de Gazeau, — des Hayes, — Canonville, — de Chivré, — de Clérembault, — de Conquessac, — Bouchard, — Boucault, — de Blavon, — Bitault, — de la Roche, — de la Rivière, — Rouillé, — de Saint-Germain-d'Arcé, — du Tertre, — Papin, — de Menon, — Malineau, — Le Poictevin, — Le Marié, — Lehoux, — Le Gras, — du Rateau, — Bigot, — Berthelot, — Hue, — Herbereau, — de Clermont, — de Charnacé, — de la Brunettière, — Channé, — Bevereau, — Bonneau, — Luillier, — Le Motteux, — Chevais, — Boylesve, — de Broc, — de Cambout, — de la Chevallerie, — Perrot, — Prévost.

Plessis (du) de la Bourgonnière, — des Touches, — de la Boullière, — de la Chaperonnière, — de la Pierre-Baudron, — de Bouzillé ; — dont Jean taxé quatre écus pour la rançon du roi Jean en 1360 entre les nobles de Montfaucon ; Jeanne, femme de Charles de Cossé de Brissac, maréchal de France ; Jeanne, abbesse de Nyoiseau, 1541.

D'azur à un écu d'argent accompagné de huit coquilles aussi d'argent mises en orle.

Gaignières, Armorial, mss., p. 7. — Gencien, mss. 996, p. 55. — Mss. 995, p. 76. — Le mss. 995, p. 89, et Roger, mss. 995, p. 6, indiquent seulement... *six coquilles...* — Le mss. 703 et Sainte-Marthe disent : *D'hermines à la croix dentelée de gueules.*

Plessis (du) de Chivré, v. Chivré.

Plessis (du) de Parnay ; — dont Jean, dit le Bègue, chevalier du Croissant en 1448.

D'azur au lion d'or armé et couronné de gueules.

Devise : *A jamais cellé.*

Mss. 703, 999 et 1000.

Plessis (du) de Juigné, v. de Conquessac, — Grugelin.

Plessis (du) de Richelieu, — de Fronsac, — des Breux, — de la Vervolière, — de la Valinière, — de Rives, — de la Carrelière, — des Forges, — des Roys, — de la Faye, — de Thou, — de Vaux, — de la Milaudière, — de Neuville, — de Faverdines, — du Petit-Puy, — de Hautmont, — de Belabre, — de la Brosse, — du Preuil-Poireux, — de Beçay, — de Beaulieu, — de la Jabinière, — de Chillou ; — dont un chevalier du Croissant en 1448 ; Armand, cardinal, duc, ministre de Louis XIII ; Alphonse, cardinal, archevêque de Lyon en 1653 ; Louis, maréchal de France, etc.

D'argent à trois chevrons de gueules.

Les mss. 999 et 1000 disent : *chevron d'azur...* pour le chevalier du Croissant. — *Bull. de la Société hérald., 1880,* p. 429.

Plessis (du) de Jarzé, — de la Roche-Pichemer, — de Corzé, — de Cheffes, — du Plessis-Bourré, — de Jarrye, — d'Écuillé ; — dont un abbé de Chaloché tué en 1652 au combat des Ponts-de-Cé.

De gueules à un massacre de cerf d'argent surmonté de deux croissants montant de même l'un sur l'autre.

Armorial, mss. de Dumesnil, p. 17. — Gaignières, Armorial mss., p. 7. — Mss. 439. — Mss. 995., p. 82. — Gencien, mss. 996, p. 56. — Cette maison a écartelé aux deuxième et troisième de Bourré et encore : au premier et quatrième de Beaumanoir ; au deuxième de Montmorency ; au troisième contre-écartelé de Brezé et de Maillé ; au quatrième de la Jaille, et sur le tout du Plessis comme ci-dessus. — Mss. 703. — Audouys, mss. 994, p. 133. — V. Bourré.

Plessis (du) de Hietté.

D'azur à la croix engrelée d'argent cantonnée de quatre billettes de même.

Audouys, mss. 994., p. 143.

Plessis (du) de la Vente.

De gueules à deux chevrons d'or à la bordure engrelée de même.

Gencien, mss. 994, p. 56. — Roger, mss. 995, p. 6. — Mss. 995, p. 100. — Gaignières, Armorial, mss., p. 7. — Audouys, mss. 994, p. 136, dit aussi : *D'argent à deux chevrons d'azur...*

Plessis (du) de Vion.

D'or au sautoir de gueules accompagné de trois massacres de cerf de sable, un en chef et deux en flanc.

Audouys, mss. 994, p. 136. — Roger, mss. 995, p. 20. — Mss. 995, p. 99. — Gencien, mss., 996, p. 56. — Gaignières, Armorial, mss., p. 50.

Plessis-au-Beuf (du), v. de Montjean.

Plessis-Angier (du), V. Angier.

Plessis-Barbe (du), v. de Ville-Blanche.

Plessis-Bardoul (du), v. de Cheorrin.

Plessis-Baudouin (du), v. de Pierres, — de la Sayette.

Plessis-Bellière (du), v. de Rougé.

Plessis-Berard (du), v. de Maynière.

Plessis-Bertrand (du), v. d'Orange.

Plessis-Beuvreau (du), v. Beuvreau.

Plessis-Bitaud (du), v. Bitaud.

Plessis-Bourré (du), v. du Plessis, — de Jarzé, — Goujon, — Bourré, — d'Angennes, — d'Auvé.

Plessis-Bourreau (du), v. Chivré.

Plessis-Brezot (du), v. Jacquelot.

Plessis-Buret (du), v. Hericzon.

Plessis-Casson (du), v. Le Porc.

Plessis-Chatillon (du) de Couraucre, — de Chuvigné, — des Aubiers, — de Vaulx.

D'argent à trois quintefeuilles de...

Dessin de Gaignières d'après un tombeau de Louis, 1590, aux Cordeliers d'Angers (bibliothèque bodleienne à Oxford). — Mss. 993 et Paillot de Grandpré. — Audouys, mss. 993, p. 140, et Gencien, mss. 996, p. 55, disent : *D'argent au chevron d'azur accompagné de trois quintefeuilles de gueules.*

Plessis-Charruau (du), v. de Charruau.

Plessis-Clérembault (du), v. de la Rochechouart,
— Clérembault.

Plessis-d'Argentré (du) ; — dont Jean-Baptiste,
abbé de Saint-Aubin d'Angers, évêque de Seez en 1790.

D'argent à la croix pattée d'azur.

Du Paz, Hist. de Bretagne. — Mss. 993.

Plessis-de-Bretignolles (du), v. Royrand.

Plessis-de-Cherré (du), v. de Scolin.

Plessis-de-Come (du), v. Le Cornu.

Plessis-de-Gesté (du), v. de la Brunettière.

Plessis-de-Vaux (du), v. Malineau.

Plessis-Dorin (du), v. Neveu.

Plessis-Florentin (du), v. Blou.

Plessis-Geffier (du), v. des Aubus.

Plessis-Giffart (du), v. de la Marzelière.

Plessis-Glin (du), v. Le Gras.

Plessis-Guerif (du), v. Lesrat.

Plessis-Havard (du), v. d'Auvé.

Plessis-Kranhac (du), v. Gouret.

Plessis-Langardière (du), v. Le Gras.

Plessis-le-Vicomte (du), v. Le Gouz.

Plessis-Lyonné (du), v. Le Gouz.

Plessis-Macé (du).

De gueules fretté d'or, qui est de Montjean.

Mss. 703. — Audouys, mss. 994, p. 140. — Roger, mss. 995, p. 4. — Généalogie, mss. de Quatrebarbes. — Gaignières, Armorial, mss., p. 7. — Thibault de Beaumont, seigneur du Plessis-Macé en 1499, écartèle :

Aux premier et quatrième de gueules à l'aigle d'or accompagnée de sept chausses-trapes d'argent posées en orle ; aux deuxième et troisième d'argent fretté de gueules de six pièces.

V. de Joussaume, — de la Haye, — du Bellay, — de Beaumont, — de Liré.

Plessis-Malineau (du), v. Malineau.

Plessis-Maurice (du), v. de la Boissière.

Plessis-Mauril (du), v. de la Barre.

Plessis-Milon (du), v. du Rivau.

Plessis-Mornay (du), v. Mornay.

Plessis-Pilet (du), v. Montbourcher.

Plessis-Ragot (du), v. Cuissart.

Plessis-Rayé (du), v. de la Bouère.

Plessis-Remond (du), v. Moreau, — Louet.

Plessis-Saint-Benoist (du), v. d'Allonville, — Le Gay, — Gilles.

Plessis-Salvart (du), v. Cuissart.

Plessis-Tizon (du), v. de la Tulaye.

Pleuvant (de), v. de Rochefort.

Plouet de la Boislinière.

D'azur à la fasce d'or accompagnée de trois étoiles et un croissant d'or en chef, et de trois roses d'argent boutonnées de gueules en pointe.

Mss. 703.

Ploutière (de la), v. Belleville.

Pluvinel (de).

D'azur à un chevalier combattant sur son cheval, l'épée levée, le tout d'argent.

Mss. d'Orléans.

Pocé (de).

Losangé d'or et d'azur.

Mss. 703. — Marguerite de Pocé, abbesse de Fontevrault, en 1304, portait : *De... à une aigle éployée de...* — Sceau de 1285, cité par M. de Busserolle, p. 675.

Pocquet de Livonnière ou de l'Ivonnière, — de
Franc-Palais, — de la Boissière, — de Luzé, — de la Gra-
voire, — de la Fontaine, — de la Baronnie, — des Bureaux,
— de Maubran, — du Colombier, — du Boucquet, — de
la Bourdinière, — de la Petite-Roche, — de la Jarriais, —
des Gâts, — du Perron, — du Joncheray, — de la Rous-
selière, — de la Cailletterie, — de Haute-Folie ; — dont
Jehan, officier de la suite de René d'Anjou, en 1492 ; Jehan,
chanoine de Saint-Laud d'Angers, 1493 ; Michel, curé de
Forges, 1474 ; René, angevin, prieur des Dominicains
d'Angoulême, martyrisé par les Calvinistes en 1568 ; Claude,
échevin, recteur de l'Université d'Angers, 1688, conseiller
au Présidial ; Henri-Prosper, grand archidiacre d'Angers ;
Claude-Gabriel, conseiller du roi, doyen de la faculté de
droit de l'Université d'Angers ; Jean-André, juge au présidial d'Angers, et comme son fils, Pierre-André, maître ordinaire de la chambre des comptes de Blois ; Pierre-André-
Claude-Scévole, président, sénéchal de robe longue, juge
ordinaire civil et criminel de la sénéchaussée de Beaufort,
1761 ; Augustin, officier, chevalier de Saint-Louis, séant au
procès-verbal des séances de l'ordre de la noblesse d'Anjou
en 1789 ; Rosalie, chanoinesse de Sainte-Anne à Munich
en 1859 ; Marin, publiciste et romancier, † en 1865 ; Scé-
vole, capitaine des mobiles de Maine-et-Loire en 1870,
conseiller de l'arrondissement de Baugé en 1882.

*De gueules à la fasce d'argent chargée de trois croix pattées de
sable.*

Devise : *Jus et virtus.*

Sculpt. XVIIIe siècle, cathédrale d'Angers. — Sceau. — Audouys,
mss. 994, p. 139. — Archives de Maine-et-Loire. série E, 3636.
— Thorode, mss. 1004 de la Bibliothèque d'Angers, tome XV. —
D'Hozier, Armorial de France (VIIe registre complémentaire.
Paris, F. Didot, 1878).

Claude Pocquet de Livonnières, conseiller du roi au présidial
d'Angers et professeur de droit en l'Université d'Angers en 1697,
jurisconsulte célèbre, est inscrit par D'Hozier, mss., p. 974, avec
les armes ci-dessous :

*D'azur à un chevron d'or accompagné en chef de trois étoiles
d'argent et en pointe d'un croissant de même.*

Poëze (de la) de la Collessière ou de la Colaisière, — de Brain, — de Bison, — de la Bretesche, — de la Naullière, — du Marais, — de la Varanne, — de la Landière, — de la Jonchère, — de la Collinière, — de Landemont, — de la Massenière, — de Ponthières, — de Saint-Sauveur ; — dont Parmenas, chevalier de l'ordre du roi, gentilhomme ordinaire de la chambre ; Charles, agronome, ancien capitaine d'état-major, maire de Broc et de Saint-Sauveur-de-Landemont, † en 1875 ; Louis, capitaine au corps de carabiniers de Monsieur, 1788 ; Marie-René et René-François, qui comparurent en 1789 à l'assemblée électorale de la noblesse d'Anjou ; François, commandant en chef les armées de Jean IV, duc de Bretagne ; Olivier, député de la Vendée, 1860-1870.

D'argent à trois bandes de sable.

Supports : *Deux chevaux d'hermines.*

Devise : *Auxilium ad alta.*

Mss. 703. — Audouys, mss. 994, p. 137. — Mss. 439. — D'Hozier, mss., p. 92. — Saint-Alais, Armorial, tome IX, p. 335. — Borel d'Hauterive, annuaire 1848, p. 231. — L'Armorial, mss. de Dumesnil, p. 995, donne aux de la Poëze de la Colaissière... *bandé d'argent et d'azur de six pièces...* — Par ordonnance royale du 17 septembre 1817, Louis-René-Ambroise fut autorisé à ajouter à son nom celui de Harembure. — V. de Saint-Offanges, — Turpin, — Roguet.

Poigny (de), v. d'Angennes.

Poilieux (de), v. Guérin.

Poilpré ; — dont Gabriel, conseiller général, maire de Baugé, † en 1812.

D'argent à trois poissons de gueules posés en fasce l'un sur l'autre.

D'Hozier, mss., p. 875.

Pointau.

D'argent à la bande de gueules.

Gencien, mss. 996, p. 57. — V. Pointeau.

'Pointe (le fief de la), *aliàs* Rose-Bouc, aujourd'hui village, commune de Bouchemaine.

Écartelé aux premier et troisième de... à une tête de bouc de... aux deuxième et quatrième de... à un scion épineux de rosier de...

Sceau cité par M. Port, t. III, p. 131. — V. Guérin.

Pointeau de la Pointelière, — de la Pointrière; — dont Gervais, anobli en 1333; Guillaume, chancelier de Louis Ier d'Anjou, 1378.

De sable à trois épées d'argent à gardes d'or posées en bande les pointes en bas.

Audouys, mss. 994, pp. 140 et 143. — Gaignières, p. 32, Gohory, mss. 972, p. 104, Gencien, mss. 996, p. 57, disent : *D'azur à trois poignards d'argent.* — V. Pointau.

Pointelière (de la), v. Pointeau.

Pointrière (de la), v. Pointeau.

Poirier du Lavouër, — de Champiré, — de la Boissière, — d'Orbigny; — dont Michel-François, conseiller du roi, juge général des gabelles à la Pointe de Rusbourg en 1777; Michel-Abel, tué dans les guerres de la Vendée.

Parti d'argent au chevron d'azur accompagné en chef de deux étoiles de même et en pointe d'un arbre planté sur une terrasse de sinople; parti d'azur au croissant d'argent, accosté en chef de deux étoiles de même.

D. P. — Peinture vélin de 1745.

Poirier.

D'or à trois pals de sable.

D'Hozier, mss., p. 940.

D'azur à trois pommes de pin d'or.

Poirier, v. de Maumeschin, — de Goubis, — de Pierres.

Poisieux (de), v. Guérin.

Poislièvre (de), v. de Ver.

Poisron (de), v. Mayaud.

Poisson.

Échiqueté d'or et d'azur.

D'Hozier, mss., p. 1209.

D'azur à cinq poissons d'argent, posés deux, un et deux.

D'Hozier, mss., p. 1269.

Poisson de Gennes, — de Soulepuy, — de Gastines, — de Lachat, — de la Fautrière, — de Montaigu, — de Saint-Eusèbe-de-Gennes, — des Rosiers, — de Fremoulin, — de Brunesac, — de la Fremondière, — de la Ferronnière, — de la Bertais, — de Charost, — de Neufvillé ; — dont Charles, maire d'Angers en 1673-1676 ; Jacques, chevalier de Saint-Louis en 1789.

D'azur au dauphin d'argent, couronné d'or et barbeté de gueules.

Mss. 703. — D'Hozier, mss., p. 221. — Mss. 993. — Audouys, mss. 994, pp. 137, 133. — Gencien, mss. 996, p. 8. — Armorial, mss. de Dumesnil, p. 17. — Audouys, mss. 994, p. 132, donne aux Poisson de Gastines : *De sable au dauphin d'or ou d'argent*, et D'Hozier, mss., p. 1534, dit ; *De gueules à un poisson d'or...* — Le jeton municipal de Charles porte : *D'azur au dauphin d'or posé en demi-cercle lorré de gueules, les ouïes et le nez de même sur une mer agitée*, avec la devise : *Ridet maris iras.*

Poisson de la Brosse ; — dont Pierre, chevalier du Saint-Esprit de Montpellier, avocat au parlement, capitaine et maître particulier des eaux et forêts de la ville, château et baronnie de Pouancé, 1696.

Coupé d'argent et de sable à un monstre qui est demi-lion en chef et demi-dauphin en pointe coupés de l'un en l'autre ; le lion tenant de sa patte dextre une croix au pied fiché de gueules.

D'Hozier, mss., p. 119.

Poissonnais (des), v. Chauvet.

Poissonnière (de la), v. Moreau, — Hullin, — Riverain.

Poitevin, v. Le Poictevin.

Poitevinière (de la), v. Hervé, — des Homeaux.

Poitiers (de) de Vihiers.

D'azur à six besans d'or au chef de même.
Mss. 703.

Poitou (de), v. Charlet.

Poitras.

D'azur à un sautoir d'or.
D'Hozier, mss., p. 995.

D'azur au chevron d'or accompagné de trois chevrons d'argent.
Mss. 993.

Poitraz (André), conseiller du roi, grainetier du grenier à sel d'Angers, 1696.

D'azur à une croix alaisée d'or accompagnée de trois croissants d'argent, posés deux en chef et un en pointe.

D'Hozier, mss., p. 56.

Poix (de), v. de Villemor, — Fouquet.

Poligné (de), v. de Vendosmois, — Le Gouz.

Polinnière (de la), v. Le Beneux.

Polissière (de la), v. Le Gras.

Polligny (de), v. de Feschal, — de Poligné.

Pologne (de) au xvıᵉ siècle, dont fut élu roi Henri III, duc d'Anjou, en 1573.

De gueules à une aigle d'argent armé et couronné d'or.

Mss. 995, p. 55.

Pomierès (de).

De gueules à une billette d'or en cœur accompagnée de sept besans d'argent posés quatre en chef, deux aux flancs et un en pointe.

Gaignières, Armorial, mss., p. 39. — V. Pommérieux.

Pommelière (de la), v. Mabille.

Pommeraie (de la).

D'azur à une fasce d'argent accompagnée de trois pommes d'or.

D'Hozier, mss., p. 1433. — V. de Cantineau, — de la Barre, de Champagné, — de la Barberie, — d'Avoine, — Le Barroys, — Guaisdon, — du Boucher, — Bonfils, — Marans, — de Mareil.

Pommeraie (de la).

De gueules à trois têtes de licorne coupées d'argent.

Roger, mss. 995, p. 13. — Gaignières, Armorial, mss. p. 56. — Audouys, mss. 994, p. 136. — Gencien, mss. 996, p. 56.

Pommerieux (de), ou de Pommières, ou de Pommériers.

De gueules à une macle d'or accompagnée de sept annelets d'argent posés en orle, trois en chaque flanc et un en pointe.

Roger, Arm., mss., p. 16. — Audouys, mss. 994, pp. 135, 140. — Mss. 995, p. 98. — Gencien, mss. 996, p. 56, dit... *les annelets posés deux, deux, deux et un...* — Gohory, mss. 972, p. 38. — Audouys, mss. 994, p. 140, Ménage, *Hist. de Sablé,* p. 125, disent :

De gueules à une macle d'argent, accompagnée de huit annelets d'or posés en orle.

Le mss. 703 dit seulement :

D'argent à dix annelets de gueules posés quatre, trois, deux et un.

V. de Pomières, — Sorhoette.

Pommier (du), v. Achart.

Poncé (de) de Cheripeau, — des Mortiers (en Parcé), — de Poncher, — de Lepinay.

D'argent à trois papegais ou merlettes de sable, posés deux et un.

Gohory, mss. 972, p. 10. — Audouys, mss. 994, p. 134. — Roger, mss. 995, p. 20. — Mss. 993. — Gencien, mss. 996, p. 58. — Roger, mss., p 20, donne aux de Poncé de Mortiers les *papegais de gueules,* ou comme Audouys, p. 116, ils écartèlent de Valleaux qui est : *D'or à trois bandes de gueules.*

Ponceau (du) de Charmoy, — de la Brise.

De sable à la fasce d'argent accompagnée de trois merlettes de même.

Armorial, mss. de Dumesnil, p. 17. — Audouys, mss. 994, pp. 139, 143. — V. des Hayes, — Baucher, — Bouan, — de la Roche, — de Saint-Belin, — Ogarot, — de la Roche-de-Coron, — Amys, — de Bellanger, — Barot, — de Vaudrey, — de la Brunettière.

Poncet de la Rivière ; — dont Michel , évêque d'Angers en 1706 , abbé de Vierzon, Brezé et de Saint-Florent de Saumur , membre de l'Académie Française , évêque d'Uzès , abbé du Breuil-Benoist et de Saint-Éloy-lès-Chauny ; Michel, archevêque de Bourges en 1674, abbé d'Abivau et du Breuil-Benoist; Mathias , évêque de Troyes, 1742, aumônier du roi Stanislas, duc de Lorraine ; Vincent , père de l'évêque d'Angers , intendant d'Alsace en 1671.

D'azur à une gerbe de blé d'or chargée de deux tourterelles affrontées d'or ponçant les grains de froment , à l'étoile d'or en chef.

Supports : *Deux cygnes d'argent.*

Mss. 993 et 703. — Lehoreau-Dufresne, n° 24. — Oraisons funèbres de l'évêque d'Angers, 1730, gravures. — Portrait gravé, 1734, par N. Cars. — J. Ballain, mss. 865, p. 67.

Poncher (de), v. de Poncé.

Poncher (Étienne), archevêque de Tours, 1550-1552.

Écartelé aux premier et quatrième d'or au chevron de gueules chargé en chef d'une tête de maure de sable bandée d'argent, et accompagnée de trois coquilles de sable, deux en chef et une en pointe, qui est Poncher ; aux deuxième et troisième d'or à la croix d'azur cantonnée de quatre soleils de gueules.

Carré de Busserolle, p. 782.

Ponecour.

D'or à une bande de gueules accostée de deux croisettes de même.

D'Hozier, mss., p. 873.

Pont (du); — dont quatre conseillers au parlement de Bretagne depuis 1576.

D'argent à un rond de sable brisé en cœur d'une étoile d'or, accompagné de trois roses de gueules.

Mss. 993 et 703.

De gueules à trois besans d'argent.

D'Hozier, mss., p. 915. — V. Dupont, — Gourreau.

D'azur à un pont d'argent.

D'Hozier, mss., p. 1267. — Le même, p. 895, dit aussi : *De sable à un pont d'argent.* — Le même, p. 546, donne au curé de Rochefort :

D'azur à un pont d'argent futtant sur deux rochers de même et un chef cousu de gueules chargé de trois croix tréflées au pied fiché d'or.

Pont (du) de Bourné.

D'or à un pal de gueules écartelé de gueules à une bande d'or.

D'Hozier, mss., p. 1514.

Pont (du) de Marans ; — dont Pierre, officier de marine en 1696.

D'azur à une fasce d'or.

D'Hozier, mss., p. 507.

Pont (du) de la Peronnaye.

D'argent à la fasce de gueules.

Audouys, mss. 994, p. 137.

Pont (du) de Préau, — de la Chiquetière.

De gueules semé de croissants d'argent à la fasce d'or chargée de trois têtes de turc de carnation, leur turban de gueules, retrousse ou tortillé de sinople.

Armorial, mss. de Dumesnil, p. 14. — Audouys, mss. 994, p. 143. — Le mss. 439 donne aux du Pont de la Chiquetière... *les trois têtes de turc jaillissant de sang...*

Pont (du) de Varennes.

Lamé de pièces triangulaires en forme de queues d'hirondelles ;
autrement dit : *Gironné de... et de... pièces.*

Audouys, mss. 994, p. 136. — Roger, mss. 995, p. 19. — Gohory, mss. 972, p. 84.

Pont-Aubevoye (du) d'Oysonville, — de la Roussière, — de Lauberdière, — de la Roche-Huon, — de Négron, — de la Motte du Pont, — de Chavaignes, — de Launay-Baffert, — du Bouchet, — de Lasse, — de la Huchelonnière, — de Barreau ou Barrou, — de la Gouberie, — du Tertre, — de la Chesnaye, — de la Verrerie, — de la Beauceraie, — de la Massonnière, — de Beaupuy ; — dont Robert, 1040, bienfaiteur de l'abbaye de Preuilly ; Fouchet, sous-prieur de Saint-Florent de Saumur, 1160 ; Hugues, dit chevalier de Bonne-Mémoire, bienfaiteur de cette abbaye, 1214 ; Aimery, Michel et Raoul firent partie des deuxième et troisième croisades ; Aimery et deux de ses fils, faits prisonniers avec Jeanne d'Arc à Compiègne, 24 juin 1430 ; Guillaume, grand veneur de la duchesse d'Anjou, reine de Naples et de Sicile, tué au siège de Carentan, 1430 ; Charles, conseiller d'honneur au grand conseil et conseiller d'État, 1623, ambassadeur du roi à Venise ; des gouverneurs de villes et châteaux ; Louis-François, lieutenant-général des armées du roi, député de Maine-et-Loire, 1805-1815 ; Henri, Théodore et Eugène, officiers dans la marine et dans l'armée, le dernier décédé en 1875.

D'argent à deux chevrons de gueules.

Supports : *Deux lions.*

Devise : *Virtute et Labore.*

Louis-François, comte de Lauberdière, sous l'empire, brisait au franc quartier des barons militaires qui est, à senestre : *De gueules à l'épée haute au pal d'argent.*

Oysonville porte actuellement les armes écartelées aux premier et quatrième du Pont-Aubevoye, aux deuxième et troisième Odart de Rilly.

Audouys, mss. 994, p. 143. — Peinture de 1643, portrait au château de l'Auberdière. — D'Hozier, mss., p. 292. — La Chesnaye des Bois, t. VII. — Ordre de Malte. — Croisades. — Honneurs de la cour. — Arrêt de la Cour des Aides, 1657. — Saint-Alais, nobiliaire universel, t. VII. — Dom Housseau. — Gaignières, vol. 787. — Duchesne, Collect. t. XXIV. — D. P.

Pont (du) d'Eschenilly, — du Ruau, — d'Oville ou d'Ouille.

D'argent à la fasce voûtée de sable, chargée au milieu d'une molette d'éperon d'or, accompagnée de trois roses de gueules, deux en chef et une en pointe.

Audouys, mss. 994, p. 137. — Mss. 439. — De Courcy. — D'Hozier, mss., pp. 83, 61. — Dumesnil d'Aussigné, Armorial, mss., dit : *Molettes d'argent.*

Pontcallec (de), v. Papin.

Pontchartrain (de), v. Phelipeaux.

Pont-Château (de), v. de Chambes, — de Menou, — de Cambour.

Pontcroix (de), v. Brancas.

Pont-de-Pierre (du), v. du Mesnil.

Pont-de-Rouen (du), v. Rouxelle.

Pont-Gibault (de), v. de Daillon.

Ponthières (de), v. de La Poëze.

Ponthieu (de).

D'or à trois bandes d'azur, la bordure de gueules.

Mss. 995, p. 59. — Sainte-Marthe supprime *la bordure.*

Pontlevoy (de) de l'Orchère, — des Palis, — de la Blionière; — dont Guillaume, conseiller au Parlement de Paris en 1344; Jean, fondateur de l'hôpital Sain-Jean-Baptiste-des-Ponts à Tours, 1253.

D'argent à trois chevrons de sable, au chef de même ondé de gueules.

Audouys, mss. 994, p. 141. — Mss. 703. — V. de Thorodes, — Frogier.

Pont-Moreau (de), v. Fouchier.

Pontoise (de) de la Romannerie, — de la Houssaye, — de Gomer de Saint-Brice.

D'argent à l'aigle à deux têtes, éployée de sable, les ailes abaissées, au chef diminué d'azur.

Audouys, mss. 994, p. 137. — Mss. 439. — Mss. 993. — D'Hozier, mss., p. 316. — Armorial, mss. de Dumesnil, p. 17, dit : *le vol étendu.*

Pontoise (de); — dont Bernard, docteur-médecin du pape Alexandre VI † à Angers, 1522; Gabriel, conseiller et médecin ordinaire du roi et des enfants de France, 1550; Jean, curé de la Jumellière, de Saint-Aubin-de-Luigné, d'Écouflant, prieur de Juvardeil, archiprêtre de La Flèche, chanoine, 1530; Michel, fondateur d'une chapelle en l'église Saint-Michel-de-la-Palud, 1510.

D'argent à la croix de gueules cantonnée de quatre vannais de même.

Célestin Port, t. III, p. 147, d'après un vitrail, xvie siècle, de l'église Saint-Michel-La-Palud.

Pontonnière (de la), v. Hélaud.

Pontreau (du), v. de Meignan, — Rouxelle, — de la Pastellière.

Pontron (de), v. Paumart.

Pontron (la communauté des religieuses de l'abbaye de), ordre de Cîteaux, fondée au XIIᵉ siècle.

D'or fretté de gueules.

D'Hozier, mss., p. 100. — M. Port, t. III, p. 148, dit : *Fretté d'argent et de gueules.*

Pontrouaud.

D'azur à la croix d'argent gringuelée d'or.

Mss. 993. — Le mss. 995, p. 110, dit : *La croix ancrée d'argent.*

Pont-Sameau (du), v. Leroux.

Ponts-de-Cé (la ville des).

De sinople à un pal d'argent, écartelé d'argent à une bande de sinople.

D'Hozier, mss., p. 1506. — V. Goujon.

Pont-Vian (du), v. Gastinel.

Porchelière (de la), v. de Blais.

Porcheron de Sainte-James, — d'Aussigné, — de Vernoy ou Vernay.

D'or au chevron d'azur accompagné de deux hures de sanglier de sable en chef, défendues d'argent ; et en pointe d'un porc-épic aussi de sable.

Audouys. mss. 994, p. 143. — Mss. 439. — Armorial, mss. de Dumesnil, p. 17.

Porchetière (de la), v. de Blais.

Pordic (de), v. Le Porc, — de la Porte, — d'Andigné.

Porée (de la), v. Baucher.

Porinnière (de la), v. Mesnard.

Port (du) de la Champignière, — de Chantoceaux; — dont Jean, taxé deux écus pour la rançon du roi Jean en 1360 entre les nobles de Chantoceaux; et Jehan , taxé un écu entre les nobles de Montrevault.

V. de Pennard, — de la Porte, — de la Bigottière.

Port-d'Arouesse (du), v. Pamart.

Portal (du).

D'or à un lion d'azur tenant de sa patte dextre une croix de gueules.

D'Hozier, mss., p. 1005. — V. de Vallière.

Portault (du), v. Gibot.

Port-de-Miré (du), v. de Pannard.

Porte (de la) ; — dont un maître d'hôtel du roi et plusieurs conseillers au présidial d'Angers.

D'azur à trois colonnes d'argent.

Roger, mss. 995, p. 18. — Audouys, mss. 994, p. 140.

Porte (de la).

De sable à une porte ouverte d'argent.

D'Hozier, mss., p. 1194.

D'argent à trois tours de sable, le chef de gueules chargé de trois têtes de lion d'or lampassées de même.

Gaignières, Armorial, mss., p. 33.

D'azur à un chevron d'or accompagné en chef de deux étoiles et en pointe d'une rose d'argent.

D'Hozier, mss., p. 951. — V. Delaporte. — Louet, — Tróchon, — Le Clerc, — Ragot, — Le Porc, — de la Coussaye, — Callon.

Porte (de la) du Port.

D'azur à une fasce d'or accompagnée en pointe d'un croissant montant d'or.

Sceau. — M. de Soland, 1869, p. 292 dit *bande* au lieu de *fasce...*

Porte (de la) de Vezins, — de Pordic, — de la Jaille, — de la Meilleraye, — de Rhetelais, — de Parthenay, — de Mazarini, — de la Vallade ; — dont Louis, chevalier de Malte en 1561 ; frère Amador, grand prieur de Champagne en 1630, gouverneur des ville et château d'Angers, ambassadeur de son ordre en France et depuis grand prieur de France en 1639.

De gueules à un croissant d'hermines, resarcellé d'or.

Supports : *Deux hermines au naturel.*

Cimier : *De même.*

Généalogie, mss. de Quatrebarbes. — Audouys, mss. 994, pp. 135, 138. — Roger, mss. 995, p. 1. — Gaignières, Armorial, mss., p. 1. — Mss. 995, p. 85. — Gencien, mss. 996, p. 55. — Gohory, mss. 972, p. 119. — Mss. 703. — V. Le Porc.

Portebise (de) de la Roche, — de la Perrière, — du Bois-de-Soulaire, — de Guinefolle, — de Chamotz ou Chameau, — de la Richardaye, — du Brossay.

De gueules à six besans d'or posés trois, deux et un.

Roger, mss. 995, p. 7. — Gohory, mss. 972, p. 41. — Gaignières, Armorial, mss., p. 53, le mss. 703, Audouys, mss. 994, p. 135, disent : *Cinq besans posés en sautoir...* — Le mss. 439, le mss. 995, p. 99, et Gencien, mss. 996, p. 57, disent : *D'azur à cinq besans d'or,* et D'Hozier, mss., p. 506, dit : *D'argent à cinq tourteaux d'azur posés trois, un et un.* — V. aussi Ménage, *Vita Ærodii,* p. 119. — La branche d'Anjou se fondit dans de la Grandière. — V. Chantelou.

Porte-Mauveslin (de la), v. de Pierres.

Porte-Minnière (de la), v. Crespin.

Porteraie (de la), v. Bonfils.

Portes (des), v. Quetier; — Le Poictevin.

Portes (des) de Linières.

D'azur au chevron d'or accompagné en chef de deux étoiles d'argent, et en pointe d'un canard de même, nageant dans une rivière aussi d'argent.

Timbre : *Casque d'argent posé de profil, orné de ses lambrequins d'or.*

Audouys, mss. 994, p. 140.

Porte-Saint-Georges (de la), v. de la Villeblanche.

Porte-Saint-Michel (de la), v. Chevalier.

Port-Guet (du), v. de Russon.

Portière (de la), v. Bled-Nouveau.

Port-Joullain (de), v. d'Anthenaise, — de Chamaillart.

Ports (de), v. Gillier, — Peloquin.

Portugal (de).

D'argent à cinq écus d'azur, chacun chargé de cinq besans d'argent et un point de sable, à la bordure de gueules chargée de châteaux de fleurons d'or.

Mss. 995, p. 55.

Possart de la Sionnière, — d'Argenton.

D'argent à trois quintefeuilles de gueules posées deux et une.

Audouys, mss. 994, p. 133. — Roger, mss. 995, p. 15. — Gencien, mss. 996, p. 58. — Gohory, mss. 972, p. 29.

Possonnière (de la).

Armes anciennes : *D'or à trois onilles ou marmites de gueules.*

Audouys, mss. 994, p. 135. — Gaignières, Armorial, mss., p. 54. — Gohory, mss. 972. p. 55. — Mss. 995, p. 83. — Gencien, mss. 996, p. 55. — V. Romain, — de Craon, — Chaudrier, — d'Allongny, — Levys, — de Charnières, — Ronsart.

Pot (de).

D'or à une fasce d'azur.

Mss. 995, p. 69.

Pot de Rhodes (Antoine), abbé de Saint-Georges-sur-Loire, 1605.

Potardière (de la), v. du Tremblay, — du Bois.

Poterie (de la), v. Bouchard, — de la Fléchère, — Lailler, — Leroy, — Guillot, — de Quelenec.

Potinière (de la), v. Bitault.

Pottier.

De gueules à une bande de vair.

D'Hozier, mss., p. 957.

Pouancé (de), v. Cossé, — de Beaumont, — de Neuf-ville, — de Feschal, — de la Guerche, — de Nepveu, — de Haï ou Hay, — de Chamaillard, — du Guesclin.

Pouancé (la ville de).

D'or à un pal de sinople écartelé de sinople à une barre d'or.
D'Hozier, mss., p. 1506.

Le Corps des Officiers du GRENIER A SEL de Pouancé.

D'azur à trois fleurs de lis d'or posées deux et une.
D'Hozier, mss., p. 980.

Poudret de Sévré ; — dont René, maréchal du palais de Suède, colonel de la garde nationale d'Angers, conseiller général et député, mort en 1851.

Taillé d'azur à une épée d'or accompagnée de deux palmes de même.

D'argent à trois poissons de gueules l'un au—dessus de l'autre, à la barre de gueules chargée de trois étoiles d'argent.
Armorial, mss. de M. de Crochard. — Sceau.

Poüez (de).

D'argent à deux vols de gueules posés en pal, au chef de gueules chargé de trois coquilles d'or.
Mss. 993.

Pouèze (de la), v. de la Poèze.

Pougne (de), v. Billon.

Pouillé (de) de la Farinnière, — de la Morinière, — de Billazé.

D'argent au lion rampant de gueules, armé et lampassé de même à la bordure de sable.

Audouys, mss. 994, p. 136. — Roger, mss. 995, p. 13. — Gaignières, Armorial, mss., p. 58. — Gencien, mss. 996, p. 57. — Gohory, mss. 972, p. 95.

Pouillerie (de la), v. Menon.

Pouilly (de), v. de Vandetar.

Poulain de la Guerche, — de la Tirlière, — de Maulny, — de Trémaudant, — de Kerleron, — de Lamballe, — de Saint-Brieuc, — de Bochas, — de la Coste, — de la Ville-Morand, — de la Noce, — de Launay, — de l'Isle, — de Tramain, — de la Boyère, — de Gautrel, — de Val-Martel, — du Chesnay, — de la Ville-Goner, — de Kerolan, — du Val-Pontlo, — de Beaumanoir, — de la Ville-Carreau, — de la Bagottaie, — de Kerbriand, — de la Marsaulaie, — de la Vau ; — dont Germain, juge au présidial d'Angers, sub-délégué de l'intendant de Tours, maire d'Angers, 1733-1737.

D'argent à un houx arraché de sinople au franc quartier de gueules chargé d'une croix engrelée d'argent.

Audouys, mss. 994, p. 131. — Sculpt. xviii° siècle, Musée d'Angers, n°⁵ 268-270. — Le jeton municipal de Germain porte pour devise, par allusion à la restauration de la fontaine Godeline : *Triplici fluit utilis ore.*

Poulain de la Foresterie, — de la Rivière, — de la Triottière, — de la Grée, — de Cintré, — de la Gondinière, — de la Houssaie, — du Housseau, — de la Pizatière, — du Mas ; — dont François, maire d'Angers, 1703-1706 ; Joseph, chevalier de Saint-Louis en 1789.

De sable au sautoir d'or chargé en cœur d'une molette ou d'une étoile de gueules.

D'Hozier, mss., p. 557. — Gencien, mss. 996, p. 8. — Audouys, mss. 994, p. 137. — Le même, p. 131, dit : *Sautoir d'argent chargé d'une étoile d'or.* — Jeton municipal de François.

Poulain de la Gaudinière.

De... à un lion de...

Armorial, mss. de Dumesnil, p. 17. — Audouys, mss. 994,
p. 143.

Poulain de Vaujoie, — de Bois-Gourd, — de la Roche-Musset; — dont Louis, trésorier de la généralité, 1765; Germain, grand chantre et chanoine d'Angers, 1789.

D'argent à un cheval de gueules.

D'Hozier, mss., p. 1266. — M. de Busserolle, p. 788, dit :
D'azur à deux coquilles d'or posées en chef et un fer de lance de même posé en pointe.

Pouletterie (de la), v. Déan.

Poulennes (de), v. Crespin.

Poulinnière (de la), v. de la Forest.

Poullain, v. Poulain.

Poullard.

D'argent à une poule de gueules.

D'Hozier, mss., p. 86.

Poullard de la Faurie.

De gueules à un épi d'or et un chef cousu d'azur chargé d'un croissant d'argent.

D'Hozier, mss., p. 549.

Pouqueraie (de la).

D'argent à un sanglier de sable.

Gencien, mss. 996, p. 56. — Mss. 995, p. 118. — Audouys, mss. 994, p. 138. — V. Le Poulchre, — de la Pasqueraie.

Poupard.

D'azur à une barre d'argent écartelé d'argent à une fasce d'azur.

D'Hozier, mss., p. 1523.

De... à un cœur percé de deux flèches en sautoir, la pointe en bas, accompagné de trois étoiles de...

(Sceau, xviiie siècle.)

Poupardière (de la), v. des Herbiers.

Pouplinière (de la), v. de Marcé.

Pourroy de l'Auberivière, — de Quinsonas; — dont
Joseph, général de brigade, pair de France, gentilhomme de la chambre de Charles X, commandeur de Saint-Louis, officier de la Légion-d'Honneur, mort en 1852 à Beaupréau.

D'or à trois pals de gueules au chef d'azur chargé de trois molettes d'argent.

Carré de Busserolle, p. 789.

Pousset, v. Le Gouz.

Poyen (de), v. de Colasseau.

Poyet du Cerisier, — des Granges, — d'Echarbot, —
de Hoges, — de Saint-Gilles, — de l'Hôpital, — de la Haute-Bergerie, — de Jupilles; — dont Guy, avocat, échevin perpétuel d'Angers, 1509; Guillaume, son fils, maître des requêtes, troisième président au Parlement de Paris,

chancelier de France en 1538 ; René, bâtard de Guillaume, brûlé vif à Saumur en 1552 ; Pierre, avocat du roi, maire d'Angers en 1519, 1532 et 1540.

D'azur à trois colonnes ou poyets d'or rangés en pal.

Armorial, mss. de Dumesnil, p. 17. — Mss. 439. — D'Hozier, mss., pp. 213, 228. — Roger, mss. 995, p. 13, Gencien, mss. 996, p. 3, le mss. 995, p. 94, disent : *colonnes d'argent...*

Guillaume, chancelier de France, écartela : *Aux premier et quatrième d'azur aux trois colonnes d'or ; aux deuxième et troisième de gueules au griffon d'or*, qui est Hellaud de Vallières à cause de sa mère Marguerite ; puis en 1538, il changea *le griffon* en *un lion*, avec cette devise : *Justitiæ columnam sequitur leo.*

Audouys, mss. 994, p. 131. — Mss. 703.

Poyllé (de), v. de Brée.

Praigny (de), v. Avril.

Pramats (du), v. Cuissart.

Prat (du).

Palé d'azur et d'or, la pointe chargée d'une pyramide de sable, maçonnée d'argent, le chef de gueules chargé d'une aigle éployée de sable, accompagnée à dextre d'une roue de char d'or, à senestre de deux épées d'or croisées en sautoir.

Sceau.

Pré (du), v. Le Jeune.

Pré (du) de la Mabilière, — de Channes, — de Sallazé, — de Cazé, — de la Salle.

D'or à trois pals de gueules au chef échiqueté d'argent et d'azur de six traits.

Gencien, mss. 996, p. 58. — Audouys, mss. 994, p. 132, dit : *D'azur à trois pals d'or...* — On trouve aussi : *D'or à trois pals d'azur chargés chacun d'une fleur de lis d'or.*

De gueules à trois pals d'or au chef d'or fretté de gueules et trois fleurs de lis d'or rangées en chef au lieu de l'échiqueté. — Roger, mss. 995, p. 15, dit : *De... à trois pals alaisés de... posés deux en chef et un en pointe.*

V. Dupré.

Pré (du) de la Carte.

D'azur à la bande d'or chargée de trois gousses de genêt de sinople.

Mss. 439. — D'Hozier, mss., p. 303. — M. de Busserolle dit *cinq gousses...*

Pré (du) de Basseville, — de la Bourdonnaye, — de Saint-Clément.

De gueules à un fretté d'argent de six pièces ; à la bande d'azur brochant sur le tout.

Mss. 995, p. 102. — Gohory, mss. 972, p. 24. — Gaignières, Armorial, mss., p. 74. — Audouys, mss. 994, p. 132. — Gencien, mss. 996, p. 58. — Roger, mss. 995, p. 15, dit... *D'azur fretté d'argent de cinq pièces posées deux en bande et trois en barre ; une bande d'azur brochant sur le tout...*

Préaux (de), v. du Pont, — Brossard, — de Chante-pie, — de la Barre, — Davenel.

Préaux (de) de Charnières, — de Quelaines, — de l'Anchenil, — de Miré, — de Ris, — d'Antigny, — de Caillettrie, — de Corbet, — de l'Étang, — d'Hervault, — de la Charpraie, — de Vauraoul, — de la Voulte, — d'Oignais, — de la Roche, — de la Brosse, — de Beauvais, — de Boissay, — de Flée, — de la Menardière, — de Villedomain, — d'Écuillé, — de Ronnay, — de Lavardin, — de la Chenelière, — de la Chainière, — du Breuil, — du Poitevin, — de la Chastière, — de la Jaunaie ; — dont Joseph, marquis de Preaux, conseiller général de Maine-et-Loire,

maire de Pouancé, † en 1849 ; Charles, maître de camp de dragons, 1789.

De gueules au lion d'argent armé, lampassé et couronné d'or, au chef dentelé d'argent, chargé d'un filet vivré d'azur (ou de sable).

Supports : *Deux anges.*

Cimier : *Un ange tenant dans sa main une rose.*

Audouys, mss. 994, p. 141. — Carré de Busserolle.

Preciat.

D'argent au chef d'azur chargé d'une croisette tréflée d'argent et à deux écots ou bâtons noueux posés en pointe et passés en sautoir, de gueules.

Mss. 993.

Précigné.

De gueules semé de croix coupées d'argent, à l'écu de même en abîme.

Gohory, mss. 972, p. 126. — Audouys, mss. 994, p. 140. — Gencien, mss. 996, p. 57. — V. de Beauveau.

Précigny (de), v. de Beauveau, — de Prie.

Précort ou Précourt.

D'argent à une bande de gueules.

Audouys, mss. 994, p. 132. — Mss. 995, p. 97. — V. de Rochefort, — d'Armilly.

Pré-de-la-Porte (du), v. de Beaucher.

Pré-Gaudin (le), v. Guyot.

Pregent.

D'azur à une fasce d'argent bordée de gueules.

D'Hozier, mss., p. 989.

D'argent à trois arbres de sinople rangés en fasce.

D'Hozier, mss., p. 1255.

Pregent du Breuil, — de la Gagnerie.

Fascé d'or et de sable et de six pièces.

Carré de Busserolle, p. 793. — Audouys, mss. 994, p. 141.

Preigny (de), v. Cappel.

Prennes (de).

D'azur à la fasce d'or accompagnée de six billettes de même, trois en chef et trois en pointe.

Mss. 995, p. 70.

Preriot (de), v. de Courault.

Prés (des), v. Le Feron.

Preseau (de) de la Guilletière ou Guiltière, — de la Haye, — de l'Oiselinnière, — de Belle-Rivière, — de la Graolière, — de Lessart, — de la Renaudière, — de Saint-Sauveur-de-Landemont ; — dont Charles , chevalier de Malte en 1585 ; Jean , chanoine de Tours, archidiacre d'Outrevienne, 1450.

De sable à un sautoir engrelé d'argent accompagné de quatre coquilles de même.

Audouys, mss. 994, p. 133. — Mss. 703. — Armorial, mss. de Dumesnil, p. 17. — D'Hozier, mss., pp. 84, 92 et mss. 439. — D'Hozier, mss., p. 439, dit simplement... *sautoir d'argent.*

Preseaux (des) des Roches.

D'argent à un chevron d'azur accompagné de trois cœurs de gueules.

D'Hozier, mss., p. 1215.

Pressac (de), v. Prevost.

Pressellière (de la), v. de Mauny, — de Bonnaire.

Pressigny (Nicolas), abbé du Perray-Neuf, 1333.

Pressoir (du), v. Le Bloy, — Brehier.

Prestiat (de), v. Courault.

Pretial (de), v. Guyot.

Preuil (de), v. de Charnières, — Chevaye, — Bonneau, — Martineau.

Preuilly (de) de Vendôme; — dont deux archevêques de Tours, Engebaud, 1149-1157, et Barthélemy, 1173-1205.

D'argent au chef de gueules, au lion d'azur armé, lampassé et couronné d'or brochant sur le tout, qui est Vendôme.

M. de Busserolle, p. 797, dit qu'on a attribué à Engebaud les armes indiquées ci-dessous à Pruillé.

Preuilly (de); — dont Gervais, chevalier angevin en 1211.

De... à deux lions passants de... à senestre, posés l'un sur l'autre.

Carré de Busserolle, p. 795. — V. du Genest, — Pruillé.

Prévalais (de la), v. Thierry.

Préverant (Jean de), abbé d'Asnière-Bellay en 1483.

Prévière (de la); — dont Guillaume, taxé un écu pour la rançon du roi Jean en 1360 entre les nobles de Montfaucon.

D'argent à deux fasces d'or accompagnées de six annelets de même posés trois, deux et un.

En 1208 et 1258 ils écussonnaient :

De sable à deux fasces d'or accompagnées de six merlettes de même posées trois, deux, une.
Audouys, mss. 994, p. 140. — Gencien, mss. 996, p. 55.

Prévost; — dont deux abbés d'Asnière-Bellay, Louis, 1489 † 1515, et André, 1515 † 1556.

De sable à un sautoir componé d'argent et de gueules.
D'Hozier, mss., p. 886. — V. Le Prévost.

Prévost.

D'azur à trois coqs d'or posés deux et un.
D'Hozier, mss., p. 1007.

Prévost de Bonnezeaux; — dont Jean, taxé pour la rançon du roi Jean en 1360 entre les nobles de Saint-Florent-le-Vieil.

De gueules à trois croix pattées d'argent, posées deux en chef et une en pointe.
Mss. 703. — D'Hozier, mss., p. 535. — V. Le Prévost.

Prévost de la Magdelaine.

De sinople à un château d'argent sommé d'une aigle de sable.
D'Hozier, mss., p. 972.

Prévost de la Chauvelière ; — dont plusieurs jurisconsultes et magistrats.

D'azur à trois épis d'or, deux et un.
Sceau.

Prévost de la Bussière, — de Pressac, — de la Bouttetière, — de la Galonnière, — de Bignon, — du Plessis.

D'argent à trois hures de sanglier de sable, arrachées et lampassées de gueules, défendues d'argent, posées deux et une.

Le mss. 439 et D'Hozier, mss., p. 332, donnent aux Prévost de Monfalloir et de la Ganouillière les armes suivantes :

D'argent à trois hures de sanglier arrachées de sable et posées deux et une.

Prevoté (de la), v. du Bois.

Prezeau, v. Preseau.

Prie (de) de Montpoupon, — de Chenonceaux, — de Précigny, — de Busançaie, — de Ferrière-Lancon, — de Planes, — de Courbespine ; — dont Jean, croisé en 1268.

De gueules à trois quintefeuilles d'or.

Mss. 995, p. 57. — M. de Busserolle dit... *tiercefeuilles* au lieu de *quintefeuilles*...

Prieur de la Papellerye, — de la Desertière, — de Clergendry, — du Landrau, — de la Blanchardière-Prieur.

D'or à un croissant montant de gueules accompagné de trois coquilles de sable, posées deux en chef et une en pointe.

Audouys, mss. 994, p. 133. — Gaignières, Armorial, mss., p. 14. — Gohory, mss. 972, p. 57. — Roger, mss. 995, p. 19. — Mss. 995, p. 109.

Primaudaye (de la) de la Barrée, — de Champ-
millon, — de Goulan, — de la Goyère, — de la Ripaudière, — de la Barre ; — dont Pierre, gentilhomme ordinaire
de la chambre d'Henri III, conseiller et maître d'hôtel
d'Henri IV, 1597 ; Éléazar, écrivain théologien protestant,
1614, à Saumur.

*Semé de France à l'écusson d'argent chargé d'une patte de griffon
de gueules posée sur un tourteau de sable.*

Audouys, mss. 994, p. 137. — Mss. 993. — Le mss. 439 donne
aux de la Primaudaye de la Barre, de Goulan et de la Ripaudière
la patte de griffon d'or.

Primaudière (de la).

*De gueules à une fasce d'argent écartelée d'argent à une bande
de gueules.*

D'Hozier, mss, p. 1524. — V. André, — Erquenay.

Primaudière (la communauté de religieux du prieuré de la), ordre de Grandmont.

D'azur à une Notre-Dame d'or.

D'Hozier, mss., p. 874.

Primitière (de la), v. de la Marqueraye.

Prinats (du), v. Pelaud.

Princé (de), v. Le Cornu, — Gallichon, — Haran, — d'Orange, — Mellet, — Charlot, — Martineau, — Le Gros, — de Feuquerolle, — de Boilesve, — Marchand, — Gaudicher, — de Pierre.

Prinsay (de), v. de Sacé.

Prioullière (de la) de Tiercé.

D'argent à trois flaquets d'hermines posés en pal ou en fasce et surmontés chacun d'une fusée de sable.

Gohory, mss. 972, p. 43. — Gaignières, Armorial, mss., p. 32. — Audouys, mss. 994, p. 136. — Roger, mss. 995, p. 17. — Gencien, mss. 996, p. 57.

Proutière (de la), v. Goureau.

Prouverie (de la), v. Paillard.

Prudhommeau.

De gueules à une fasce d'argent.

D'Hozier, mss., p. 1218.

Prudhommerie (de la), v. Breschen.

Pruillé ou Preuilly (de).

D'or à six aigles d'azur posées trois, deux, une.

Gohory, mss. 972, p. 126. — Audouys, mss. 994, p. 140. — Roger, mss. 995, p. 5. — Gencien, mss. 996, p. 57. — Un sceau de 1211 donne à un Gervais de Pruillé : *De... à deux lions de... tournés à senestre* (Archives nationales). — V. de la Chenaie, — de la Jaille, — du Chesne, — Preuilly.

Prunier.

D'or à un arbre de sinople et un levrier de sable passant sur le tronc.

D'Hozier, mss., p. 1341, qui dit aussi, même page :

De sable à un sautoir d'or et un chef d'argent chargé de trois arbres de sinople.

Pugnons (de) de la Cotinaye.

Gironné d'argent et de gueules.

Audouys, mss. 994, p. 133.

Puicharic ou Puichairic (de), v. Donadieu.

Puidoré (de), v. Chauveron.

Puigaillard (de), v. de Laumont.

Puigareau (de), v. du Gillier.

Puigenest (du), v. de Cormeray.

Puigirault (de), v. Jacob.

Puiraveau (de), v. de Mascureau.

Puisansault (de), v. Nigon, — Dolbeau.

Punge (de), v. Recouvreur.

Putanges (de), v. Morel.

Puteau (du), v. Dolbeau.

Putille (de); — dont Pierre, taxé pour la rançon du roi Jean en 1360 entre les nobles de la chastellenie de Montjean.

D'hermines au chef losangé d'or et de sable.

Mss. 703. — Audouys, mss. 994, p. 136. — Gaignières, Armorial, mss., p. 60. — Mss. 995. p. 102. — Gencien, mss. 996, p. 58. — Roger, mss. 995, p. 19. — Gohory, mss. 972, p. 63.— V. Aimard.

Purnon (de), v. Bonneau.

Puy (du); — dont Pierre, abbé de Marmoutiers et de Saint-Florent de Saumur, 1344; Antoinette, abbesse du Ronceray, 1651.

Puy (du) du Coudray-Monin, — de Buxeuil.

D'or au lion d'azur armé, lampassé et couronné de gueules.

Mss. 995, p, 57. — Busserolle. — V. de Cerizay, — de Cumont.

Puy (du) de la Chevallerie, — de la Caillère, — de la Vallée, — de la Noiraie, — de la Barbotinière; — dont Raymond, croisé en 1099; deux abbés de Cormery en Touraine, xvᵉ et xvⁱᵉ siècles.

Dé sinople à la bande d'or bordée de sable, accompagnée de six annelets d'or, trois en chef et trois en pointe.

Mss. 439. — V. Grandhomme, — Huault, — de Lorme.

Puy-Doré (du), v. Doré.

Puy-Cadoret (du), v. Moreau.

Puy-d'Azay (du), v. Guérin.

Puy-du-Fou (du) de Champagné, — de Pêcheseul, — de Combronde, — de Mallièvre, — de Faye-Mereau, — — de la Supplicière, — de la Turbaudière, — du Puy-Baclé.

De gueules à trois mâcles d'argent posées deux et une.

Supports : *Deux léopards.*

Cimier : *Une fée au buste de femme et au corps de serpent, se baignant nue dans une cuve d'argent, les cheveux épars, se peignant d'une main et portant de l'autre main un miroir.*

Devise : *C'est à jamais.*

Mss. 995, p. 86. — Gohory, mss. 972, p. 42. — Gencien, mss. 996, p. 55. — Roger, mss. 995, p. 10. — Un sceau *brise d'un croissant d'argent en chef.* — Une sculpture, 1513, église de la Grezille, porte : *Parti* comme ci-dessus et *parti de...* à une *rose de...* — Le mss. 439 donne aussi les armes suivantes :

Écartelé et contre-écartelé aux premier et quatrième de gueules à trois mâcles d'argent, deux en chef et une pointe, qui est du Puy-du-Fou ; *aux deuxième et troisième d'or au dauphin pamé d'azur,* qui est des Dauphin de Combronde, puînés des princes d'Auvergne ; *sur le tout en abîme d'azur à la bande d'argent accompagnée de deux cotices d'or potencées et contre-potencées de treize pièces,* qui est de Champagne, de la Suze, de Sancerre.

Puy-Gaillard (du), v. Leaumont.

Puy-Gareau (du), v. Gillier.

Puy-Girault (du), v. Desmé.

Puy-Notre-Dame (la ville du).

D'or à une Notre-Dame de carnation vêtue d'azur et de gueules, tenant entre ses bras l'enfant Jésus de carnation.

D'Hozier, mss., p. 656.

Le PRIEURÉ du Puy-Notre-Dame.

De sinople à un puits d'argent au chef d'or chargé d'un cœur de gueules.

D'Hozier, mss., p. 1339.

Le CHAPITRE ROYAL du Puy-Notre-Dame.

De gueules à une Sainte Vierge avec son enfant Jésus entre ses bras, assise dans une niche à la gothique d'or, ayant à ses pieds un écusson d'azur chargé de trois fleurs de lis d'or posées deux et une, et un dauphin de même posé en cœur.

D'Hozier, mss., p. 468. — Sceau du xvᵉ siècle.

Les CORDELIÈRES du Puy-Notre-Dame.

D'azur à un Saint-Joseph d'or tenant à sa main dextre un lis au naturel.

D'Hozier, mss., p. 652.

Puy-Rangeard (du), v. Guioché.

Puy-Saint-Astier (du), v. d'Allongny.

Puys-Ansault (du), v. Guérin.

Puy-Saint-Bonet (du), v. de Cumont.

Puyvinet (de), v. de Quinemont.

Pydouault (de), v. de Conquessac.

Pyngenay (de), v. du Boschet.

Q

Quantinière (de la), v. Gilles.

Quatrebarbes (de) de Moussi, — de Murs ou Mœurs, — de la Rongère, — de la Membrolle, — de Châteauneuf, — de Châtelain, — de Jallais, — d'Argenton, — de Fontenailles, — du Vioné, — de la Marguillière, — des Roges, — de Bouillé, — de Saint-Denis, — de Chemiré, — de Chasnay, — de Vallière, — de la Guillonnière, — d'Ampoigné, — de la Bonnaudière, — de la Touche-Gelée, — de la Roussardière, — du Coudray, — de Bourneuf, — de Marolles, — de Châtelain, — de Houssai, — de Villiers-Charlemagne, — de la Durandière ; — dont Hyacinthe, chevalier d'honneur de Madame et chevalier de l'ordre du Saint-Esprit en 1688; deux chevaliers de Malte, Philippe en 1663 et Gilbert en 1669; une abbesse du Ronceray en 1755; quatre croisés, Bernard de Montmorillon, surnommé Quatrebarbes, 1096-1145, Philippe, 1121, Foulques, 1190, Hugues, 1249; René, dit chevalier de la Rongère, capitaine de vaisseau, 1690; Théodore, député de Beaupréau en 1842, conseiller général de Maine-et-Loire, littérateur, gouverneur d'Ancône, † en 1871 ; Louise-Jacqueline, religieuse de

Sainte-Catherine d'Angers, abbesse du Perray-aux-Nonains en 1701, etc.

D'argent à la bande de sable accompagnée de deux cotices de même.

Supports : *Deux tigres.*

Devise : *In altis non deficio.*

Audouys, mss. 994, p. 144. — Mss. 993. — Gencien, mss. 996, p. 59. — Gaignières, Armorial, mss., p. 1, et D'Hozier, mss., pp. 123, 427, 431, donnent aux de Quatrebarbes de la Roussardière, du Coudray et de la Rongère :
De sable à une bande d'argent accompagnée de deux cotices d'or.
— Le mss. 703 dit de même, sauf *les deux cotices d'argent ;* comme la peinture de la salle des Croisades à Versailles.
Roger, mss. 995, p. 8, le mss. 995, p. 90, et Gohory, mss. 972, pp. 17, 126, donnent aussi aux branches de de Rongère, de Chasnay, de la Roussardière et du Bordeaux :
D'argent à une bande de sable accompagnée de deux cotices de gueules.
D'Hozier, mss., p. 1405, dit : *De sable à quatre barbes d'argent posées deux et une.*

Quatrebœuf.

De sable à une croix alaisée à double traverse d'or.

D'Hozier, mss., p. 732.

Quedillac (de); — dont Jean, abbé du Louroux en 1504.

Fascé d'argent et de gueules de huit pièces.

Sceau.

Quelaines (de), v. de Préaux.

Quelen (de) de Saint-Bihy, — de Murs.

Fascé d'argent et de gueules de huit pièces.

Audouys, mss. 994, p. 144. — Gencien, mss. 996, p. 59. — V. de Dampierre.

Quelenec (de) de Colledo, — de la Bourdaisière, — de la Potterie, — de la Groussinnière.

D'hermines au chef de gueules chargé de trois fleurs de lis d'or rangées en fasce.

Audouys, mss. 994, p. 144.

Quelin de la Monnire.

De gueules à une écuelle d'argent.

D'Hozier, mss., p. 1269.

Quellier de Marcé.

D'argent à trois macles de gueules posées deux et une.

D'Hozier, mss., p. 893.

Quelus (de) de Madelet.

Écartelé aux premier et quatrième d'argent à trois molettes de sable, aux deuxième et troisième d'or au dauphin d'azur.

Roger, mss. 995, pp. 9, 35. — Audouys. mss. 994, pp. 144, 80. — Armorial, mss. de 1608, p. 28. — Gohory, mss. 972, p. 33.

Quentin (de).

De sable au chevron d'argent accompagné de trois macles de même.

Devise : *Semper stabit charitas.*

Audouys, mss. 994, p. 144. — Mss. 993.

Quercherie (de la), v. de Mauviel.

Queré (de), v. Le Chat.

Quesnay de Saint-Germain, — de Beaurepaire ; — dont Robert, président de la cour souveraine des Gabelles à Saumur, 1787, député à l'Assemblée législative, puis président du Tribunal civil de Saumur.

D'or à l'aigle éployée de sable, becquée et membrée de gueules.
Sceau.

Quesnel (du).

D'or billeté de gueules.
Sceau.

Quetiaire (de la), v. de Maurier.

Quetier.

D'argent à trois feuilles de sinople posées deux et une.
Mss. 993.

Quetier de l'Arbitière, — de la Motte.

De gueules au chevron d'or accompagné de trois trèfles de même.
Mss. 995, p. 120.

Quetier des Portes ; — dont Marc, maire d'Angers en 1551.

D'azur à la pomme de pin d'argent exhaussée sur une tige au pied fiché de sinople, accostée de deux lions affrontés d'argent armés de sable et lampassés de gueules à deux étoiles d'or posées une en chef et l'autre en pointe.

Audouys, mss. 994, p. 144. — Gencien, mss. 996, p. 4, Gohory, mss. 972, p. 152, et le mss. 993 disent... *les deux lions affrontés d'or, la pomme de pin d'or, les deux étoiles d'argent en pointe...* — Gaignières, Armorial, mss., p. 85, ne donne pas *la tige de sinople* pour le maire d'Angers. — Le mss. 703 dit :

D'azur à trois lions affrontés d'argent tenant en leurs pattes un arbre de même, accompagnés de deux étoiles de six raies aussi d'argent posées une en chef et une en pointe.

Quimer (de), v. de Tinteniac.

Quinault; — dont un abbé de Baugerais au XVIᵉ siècle.

D'azur au chevron d'argent accompagné de trois soucis d'or feuillés de sinople.

Mss. 995, p. 78.

Quincé (de), v. Gaultie, — de Ville-Prouvée.

Quincé (Le prieuré de Saint-Blaise de).

D'or à six annelets de gueules posés trois, deux, un.

D'Hozier, mss., p. 528.

Quinemont (de) de Baugé, — de Varenne, — de la Guénerie, — de Saint-Senoch, — de la Roche-Aymar, — de Puyvinet, — de la Pigerie, — de la Housserie, — de la Croix, — des Cautelleries, — de Paviers, — de Vauguérin, — de la Turmelière.

D'azur au chevron d'argent accompagné de trois fleurs de lis nourries d'or.

Supports : *Deux aigles.*

Cimier : *Une aigle éployée issante.*

Sceau. — C. de Busserolles, p. 810.

Quinquet de la Bectière ; — dont Henri, directeur des Aides à Angers, 1764.

D'azur à deux bars adossés d'or séparés par une étoile de même en chef, et en pointe une rose d'argent soutenue par un croissant de même.

Sceau.

Quinson.

D'or au pignon d'azur de trois marches, chaque montant chargé de deux oiseaux perchés et affrontés de sable.

Devise : *Suavis suavi.*

Cours de blason, 1840. — Sceau.

uinsonas (de), v. Pourroy.

Quintin d'Avaugour.

D'argent au chef de gueules, qui est d'Avaugour, *chargé d'un lambel de trois pendants d'or.*

Gohory, mss. 972, p. 126.

Quirit de Chanteloup, — de Vauricher, — de la Motte, — de la Guéritaude.

De sinople à la fasce d'argent soutenant un cygne de même tourné à senestre.

Supports : *Deux cygnes.*

Cimier : *Un cygne.*

Devise : *Va ferme à l'assault qui rit à la prise.*

Gohory, mss. 972, p. 86. — Gaignières, Armorial. mss., p. 28. — Roger, mss. 995, p. 19. — Gencien, mss. 996, p. 40. — Mss. 995, p. 100. — Audouys, mss. 994, pp. 87 et 144, dit... *le champ de sable...*

R

Rabastet (de) de la Rivière.

D'argent à trois hiboux de sable posés deux et un.

De Courcy.

Rabault de Clivoye, — de la Rabauderie, — de Villeneuve-Ghigné, — de la Coudre, — d'Ivoy.

D'argent à trois épées de sable posées en bande, la pointe en bas.

Gohory, mss. 972, p. 87. — Mss. 995, p. 111. — Roger, mss. 995, p. 12. — Gencien, mss. 996, p. 61, et Gaignières, Armorial, mss., p. 63, disent... *les pointes en haut...* — Audouys, mss. 994, p. 148, dit aussi... *les gardes des épées d'argent...*

Rabestan, de Bocé, — de Sourches, — de la Verrie.

D'azur à la croix d'or accompagnée de quatre coquilles d'or.

Audouys, mss. 994, p. 147. — Mss. 439.

Rabin.

De gueules à une étoile à huit raies d'argent.

D'Hozier, mss., p. 901.

Rabinnière (de la), v. de Montortier.

Rabitan (de), v. Nepveu.

Rablaye (de la), v. Guyet, — Terrien.

Rabouste (de la), v. Simon.

Rabut (Jean), docteur régent en la Faculté de Médecine de l'Université d'Angers, † en 1724.

D'argent à un poirier de sinople fruité d'or.

D'Hozier, mss., p. 565.

Rabutière (de la), v. Barlort.

Racan (de), v. de Bueil.

Racapé (de) du Menil, — de Vaux, — de Magnanne ou de Meignanne, — de la Goderie, — de Brée, — de Boursault, — de la Herpinnière-en-Menil, — de la Brizaye, — de Teigné, — de Chevigné, — de la Lizière, — de Chambellay, — de l'Aubinnière, — de Nueil.

De sable à six roquets ou rocs d'échiquiers d'argent à l'antique posés trois, deux et un.

La famille a écartelé *d'une bande de sable...* — Mss. 703. — Audouys, mss. 994, p. 146. — Mss. 439. — Gohory, mss. 972, p. 26. — Roger, mss. 995, p. 9. — Gaignières, Armorial, mss., p. 63. — D'Hozier, mss., pp. 433, 587. — Mss. 995, p. 84. — Gencien, mss. 996., p. 60. — Une note du mss. 993 intervertit les émaux. — D'Hozier, mss., p. 670, donne aux Racapé du Menil les armes suivantes :

Tranché d'or et d'azur à une étoile de huit raies de l'une en l'autre.

Racault (Joachim), abbé d'Asnière-Bellay, 1609.

Rachère (de la) de Ballodes.

D'hermines à une bande ou cotice d'or brochant sur le tout.

Audouys, mss. 994, pp. 147, 39. — Gencien, mss. 996, p. 62. — Roger, mss. 995. p. 8. — Mss. 995, p. 103. — Gaignières Armorial, mss., p. 28, dit... *la bande de gueules...*
Une note citée par Audouys donne aux de la Rachère... *D'or à trois fleurs de lis de gueules posées deux et une.*

Raciquot.

D'or à une barre de sable ; écartelé de sable à une bande d'or.
D'Hozier, mss., p. 1525.

Radiguet.

De gueules à une fasce d'or chargée de trois rats de sable.
D'Hozier, mss., p. 1386.

Raffetot (de), v. de Canonville.

Raffray.

D'azur à une croix d'or.
D'Hozier, mss., p. 974.

Raffray.

D'azur à un chevron d'argent accompagné en chef de deux croissants et en pointe d'une rose de même.
D'Hozier, mss., p. 949.

Ragon de la Pigerie.

D'or à trois aigles de gueules.
D'Hozier, mss., p. 1215.

Ragot.

D'azur à un chevron d'or accompagné en chef de trois étoiles rangées de même et en pointe d'un croissant d'argent.
D'Hozier, mss., p. 887.

Ragot (Jean), maire d'Angers en 1516.

D'argent à trois rats au naturel posés deux et un.

Audouys, mss. 994, p. 150. — Mss. 993. — Gencien, mss. 996, p. 3. — Mss. 703.

Ragot de la Fuye.

De sable à la croix dentelée d'or.

Audouys, mss. 994, p. 151.

Ragottière (de la), v. Bellère, — de Rieux, — Moysand, — Bault.

Ragouget (Jean), abbé de Chaloché, 1428.

Ragueneau (de), v. Berault.

Raguenière (de la), v. de Juigné.

Raguin (de), v. Auvé du Genetay, — du Bellay, — de Contades, — Haton.

Raimbault de la Foucherie ; — dont François, maire d'Angers de 1692-1702, banquier en cour de Rome.

D'azur à trois losanges d'or rangés en fasce ; et trois trèfles d'argent posés deux en chef et un en pointe.

Mss. 703. — D'Hozier, mss., p. 61. — Gencien, mss. 996, p. 8. — Audouys, mss. 994, p. 153, dit... *les trois trèfles de sinople.*

Le jeton de François, 1696, porte pour légende autour d'une femme appuyée sur un soc de charrue et tenant une gerbe d'épis : *Annonam restituit.* — Le jeton de 1693 figure la façade du collège d'Anjou qu'avait fait construire François Raimbault et la légende : *Colleg. Andino ædific.* — V. Raymbault.

Raimbaudière (de la), v. de Cierzay.

Raimberdière (de la), v. Bitault.

Rainaie (de la), v. Raynais.

Rainfroy, maire du palais de Chilpéric II, roi de Neustrie, mort, croit-on, à Angers, vers 731, d'après une note invraisemblable du mss. 993, aurait porté sur son bouclier :

D'azur à l'aigle fascée d'argent et de gueules de huit pièces membrée et couronnée d'or.

Raimondin, v. Remondin.

Raiz (de), v. de Chauvigny.

Raizieux (de), v, de Broise.

Rallay (de) de Beauregard.

D'argent à trois quintefeuilles de gueules boutonnées d'or.

Audouys, mss. 994, p. 15J. — Gohory, mss. 972, p. 103. — V. Chalopin.

Rallié.

Bandé d'argent et de gueules de cinq pièces et deux demies.

Mss. 993.

Rallier.

D'argent à trois bandes de gueules.

D'Hozier, mss., p. 954.

Rallière (de la), v. d'Anthenaise, — de Tillon.

Rambouillet (de), v. d'Angenes.

Ramée (de la), v. Rousseau, ou Rouxeau.

Ramefort (de), dé la Greslière ou Goueslière.

D'azur à six besans d'or posés trois, deux et un, au chef d'or chargé d'un lion naissant de gueules.

Audouys, mss. 994, p. 148. — Gohory, mss. 972, p. 76. — Gencien, mss. 996, p. 61, dit :

D'argent à six annelets de sable posés trois, deux et un, au chef d'azur chargé d'un lion naissant d'or. — V. Remefort, — de la Cour, — de Bellanger.

Ramelinière (de la), v. de Charnières.

Rampre (de), v. Chevalier.

Ranboisseau (de), v. de Saint-Georges.

Rancé (de).

D'azur au croissant montant d'argent.

Mss. 993 (Généal., mss. de Montdor).

Rancher (de) de Verneil.

D'azur au sautoir d'or cantonné de quatre annelets d'or.

Mss. 439.

Randiette (de la), v. Hamon.

Rangot de la Fuye.

De sable à la croix engrelée d'or.

Gaignières, Armorial, mss., p. 55. — Roger, mss. 995, p. 15.

Raoul (de).

D'or à une fasce de sable chargée de trois étoiles d'argent.
D'Hozier, mss., p. 1131.

Raoul du Soulier, — du Manoir.

Coupé au premier de... à trois fasces de... au deuxième de... plein.
Tombeau, xviiᵉ siècle, à l'église de la Blouère, détruite en 1865.

Raoul de la Guibourgère, — de Mezangé ; — dont Jean, docteur régent en droit canon de l'Université d'Angers, mort en 1578.

De sable au poisson d'argent posé en fasce, accompagné de quatre annelets de même, rangés trois en chef et un en pointe.
Audouys, mss. 994, p. 149. — Mss. 993.

Raoul (de) de Ceintre, — de Champdollant.

D'or à la bande de gueules.
Audouys, mss. 994, p. 149, assure que cette famille se disait originaire de Sicile.

Raphellis (de) du Pinot.

D'azur à trois chevrons d'or.
D'Hozier, mss., p. 99.

Rapin-Duchastel, ancien juge de paix de Châteauneuf.

Coupé emmanché d'argent et de sable.
Sceau.

Rapinière (de la), v. de la Bahoullière.

Raschi (Jacques de), originaire de Florence, chevalier du Croissant, 1464.

De gueules à deux bars adossés de sable accompagnés de deux croix de même.

Mss. 993 et 999.

Rateau (du) du Plessis, — de la Jumeraie, — d'Aviré.

D'argent à l'arbre planté sur une terrasse de sinople, au lion contourné de gueules brochant sur le tout.

Audouys, mss. 994, p. 156. — D'Hozier, mss., p. 78. — Mss. 439.

Ratouis (René) curé de Montsoreau, 1683-1738.

D'azur à une tour d'argent ajourée de deux fenêtres et d'une porte ; quatre rats adossés de sable sortant un de chaque fenêtre et deux de la porte, deux qui soutiennent à dextre une quenouille d'or posée en pal, les deux autres à senestre soutenant une crosse de même, le tout sur une terrasse de sinople surmontée d'une gloire d'or mouvant en chef.

D'Hozier, mss. p. 601.

Rattier de la Guittonnière ; — dont Sébastien, conseiller au présidial d'Angers en 1742.

D'azur à une bande d'or chargée de deux étoiles de gueules et d'un croisillon de même entre deux, accompagnées en chef d'un faisan d'argent et en pointe d'un croissant montant aussi d'argent.

Sceau.

Raturière (de la), v. Goyet.

Ravault (de), v. de Champagne.

Raveneau.

D'argent à une fasce de sable ; écartelé de sable à une barre d'argent.

D'Hozier, mss., p. 1530.

Ravenel (de) de la Sablonnière, — de Rentigni, — de Bois-Tilleul, — de Juigné-la-Verrière.

De gueules à six croissants montant d'or, posés trois de chaque côté l'un sur l'autre, surmontés chacun d'une étoile de même et une étoile aussi d'or à la pointe de l'écu.

Audouys, mss. 994, p. 146. — Sceau. — Les Ravenel de Bretagne portaient, d'après Audouys, mss. 994, p. 146 :

D'argent à trois quintefeuilles de gueules posées deux et une, a l'orle de dix merlettes de même.

Ravoir (du).

De gueules à trois raves d'argent posées deux et une.

D'Hozier, mss., p. 1385.

Raye (de la), v. de Guenyveau.

Raymbault.

D'or à trois merlettes de sable.

D'Hozier, mss., p. 967. — V. Raimbault.

Raynaie (de la) des Croix, — de Beauvais.

De gueules à la grenouille d'argent.

Audouys, mss. 994, p. 155. — Armorial, mss. de Dumesnil, p. 18. — Mss. 439.

Raynière (de la), v, Maumel.

Raynaut (de), v. Potier.

Rays (Jacques de), abbé de Brignon, 1562.

Razilly (de) ou Razillé (de) de Vaux, — de Launay; — dont Madeleine, abbesse de Nyoiseau, 1700-1719.

De gueules à trois fleurs de lis d'argent posées comme celles de France.

Supports : *Deux anges drapés de gueules.*

Gohory, mss. 972, p. 77. — Audouys, mss. 994, p. 146. — Mss. 993. — Mss. 995, p. 103. — Gencien, mss. 996, p. 60. — Roger, Arm.. mss., p. 20.

Reau (du) de la Gaignonnière.

D'argent à une barre de gueules bordée et dentelée de sable.

D'Hozier, mss., p. 100. — Audouys, mss. 994, p. 151.

Reauté (de la), v. Le Cornu, — Roger, — Bonfils.

Rebillé.

D'or à cinq trèfles d'azur posés en sautoir.

D'Hozier, mss., p. 1135.

Reboudy.

De gueules à une fasce bretessée et contrebretessée d'argent.

D'Hozier, mss., p. 920.

Rebours; — dont un président à la Cour des Aides.

De gueules à sept losanges d'argent.

Mss. 993. — Gohory, mss. 972, p. 126.

Redoublé.

D'argent à trois têtes de loup de sable.

D'Hozier, mss., p. 1004.

Regnault.

Échiqueté d'or et de gueules.

D'Hozier, mss., p. 1023.

Regnaudière (de la), v. Blandin.

Règne (du).

D'azur à trois couronnes à l'antique d'or posées deux et une.

D'Hozier, mss., p. 357.

Régnier (le Cardinal René-François), né à St-Quentin (Maine-et-Loire), le 17 juillet 1794, proviseur du Lycée d'Angers, archevêque de Cambrai, mort le 5 janvier 1881.

D'azur à la croix d'or soutenue par un pélican nourrissant ses petits.

Devise : *Charitas Christi urget nos* (Saint Paul, 2ᵉ épître aux Corinthiens, V, XIV).

Sceaux et imprimés officiels.

Régnier.

D'or chappé d'azur.

Mss. 703.

Reigher-Fleit (alliée à la maison de Dreux de Bretagne).

D'azur à la croix engrelée de gueules.

Mss. 995, p. 119, d'après le tombeau de Robert de Dreux, aux Cordeliers de Nantes.

Reinach (de) de Werth ; — dont un préfet de Maine-et-Loire, 1876-1877.

De sable semé de billettes d'or à quatre trèfles d'argent, leurs tiges de même mouvant des quatre angles de l'écu.

D'Hozier, mss., Alsace, p. 366.

Relandière (de la), v. Duchastel.

Reli (de) ou **Rély**; — dont Jean, évêque d'Évreux en 1492, aumônier du roi Charles VIII, évêque d'Angers, mort en 1498.

D'or au chevron de sable, au chef de même chargé de trois étoiles d'or.

Mss. 703. — Le mss. 993 et un dessin de Gaignières à Oxfort, t. I, p. 212, d'après un tombeau à Saint-Maurice d'Angers, Lehoreau, n° 14, et Ballain, mss. 867, disent... *le chevron et le chef d'azur...* — Le Gallia christiana Sammarthanorum dit : *D'or à trois chevrons d'azur*, qui sont les armes de la branche aînée.

Remefort (de); — dont Philippe, sénéchal d'Anjou, Geoffroi, bailli d'Anjou, et Isabeau, femme de Bertrand Duguesclin.

D'azur à trois couronnes ducales d'or posées deux et une.

Mss. 703. — Cauvain. — V. de Bourdon. — Simon, — Ramefort.

Remichard (de), v. Chevais.

Remondin ou **Le Maire** de Combrée, — de la Mairerie.

De gueules à la croix d'argent.

Armorial, mss. de 1608. — Gohory, mss. 972, p. 9. — Gaignières, Armorial, mss., p. 15. — Roger, mss. 995, p. 8. — Le mss. 995, p. 98, et Audouys, mss. 994, p. 153, disent... *la croix cantonnée de quatre lions mornés de...* — Audouys, p. 121, cite encore, avec le mss. 993 : *Palé d'or et de gueules de six pièces.*

Renac (de), v. de Montjean.

Renard.

De gueules à trois fasces ondées d'or.

D'Hozier, mss., p. 1140.

Renard (Philippe), marchand à Saumur, 1696.

D'argent à un cœur de gueules chargé des doubles lettres P et R d'or entrelacées et sommées d'un quatre de chiffre de marchand de sable, au pied fiché dans l'oreille du cœur.

D'Hozier, mss., p. 612.

Renard de Beauvais ; — dont André et Grégoire taxés chacun un écu pour la rançon du roi Jean en 1360, entre les nobles de Chantoceaux.

De sable au léopard d'argent, la queue passée entre les jambes et retournée sur le dos.

Mss. 703.

Renard (de) des Roches, — de Courtemblay.

D'azur à trois renards d'or.

Mss. 439.

Renardière (de la) de la Gonnière, ou de la Gauvière.

D'azur à trois renards rampant d'or posés deux et un.

Gaignières, Armorial, mss., p. 72. — D'Hozier, mss., p. 87. — Gohory, mss. 972, p. 43. — Roger, mss. 995, p. 10, Audouys, mss. 994, p. 148, et Gencien, mss. 996, p. 62, disent... *renards passant...* — V. Eslys.

Renaudière (de la), v. Prezeau, — Fontenelle, — des Hommeaux, — Chevallier, — Coupel, — de Villeneuve.

Renault.

De gueules à trois losanges d'or posés deux et un.

D'Hozier, mss., p. 899.

D'argent à une fasce de gueules accompagnée de deux losanges de même, l'un en chef et l'autre en pointe.

D'Hozier, mss., p. 885.

Renault de la Boullaye.

D'argent à une aigle à deux têtes de sable chargée de trois croi- settes d'or posées deux et une.

D'Hozier, mss., p. 547.

René d'Anjou, v. Anjou.

René (de), v. Cholet.

Renel (de),v. de Clermont.

Renevé ou Renoüe (de), v. Martineau.

Renier de la Tourtière.

D'argent au lion de gueules. armé, lampassé et couronné d'or.
Mss. 439.

Rennes (de) de Lille ; — dont Guillaume conseiller du roi à Saumur, poète, XVIIe siècle.

Losangé d'argent et de gueules à la pointe d'argent chargée d'une aigle de sable ; au chef d'or chargé d'un lion passant de gueules, accosté de deux compons d'azur chargés chacun d'une pointe de gueules.

Sceau.

Renoillée.

D'or à une jumelle d'azur posée en bande.
D'Hozier, mss., p. 1032.

Renollières (des), v. Trochard.

Renommière (de la), v. Cornuau.

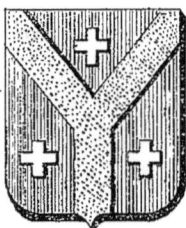

Perray Neuf
(religieux du)

Perray-Neuf
(abbaye)

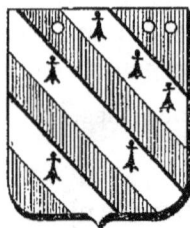

Perray
aux Nonains

De Perrochel

Petit
de Chemellier

Petrineau
des Noulis

Phelippeaux

Picault de
la Ferandière

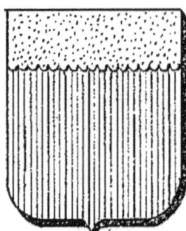

De Pierrepont

De Pierres

De Pincé

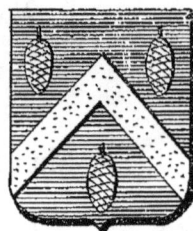

Du Pineau

De Pisseleu

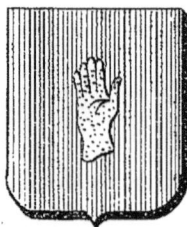

De Place

De la Planche
de Ruillé

Du Plantis

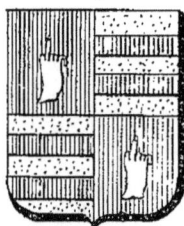

D'Orignac

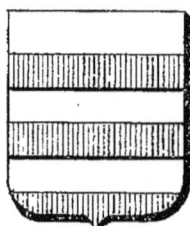

Anne d'Orléans

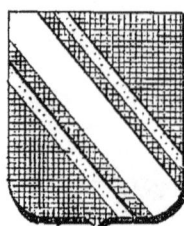

D'Orvault

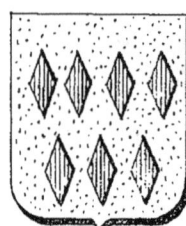

De l'Ossandière

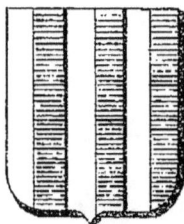

Pannetier

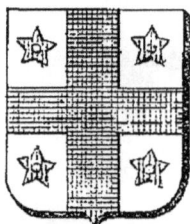

Pantin de
la Hamellatère

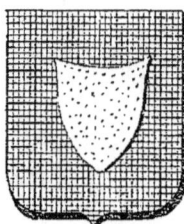

Parage

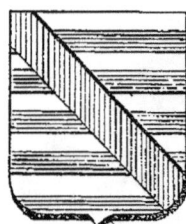

Parthenay

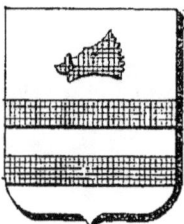

De Pas

De la Pasqueraye

Pasquier

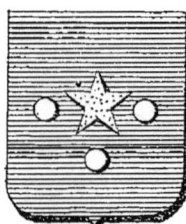

Paumart

Pays Meslier

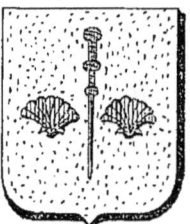

Pelerin

Pellegrain
de l'Etang

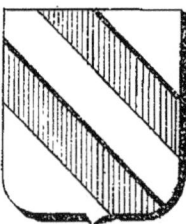

de Pennard

46

Du Plessis

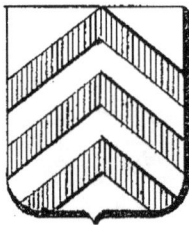

Du Plessis
de Richelieu

Du Plessis
de Jarzé

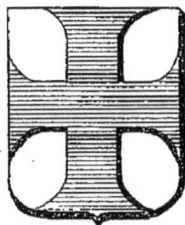

Du Plessis
d'Argentré

Pocquet
de Livonnière

De la Poëze

Poirier
du Lavoüer

Poisson

Poncet
de la Rivière

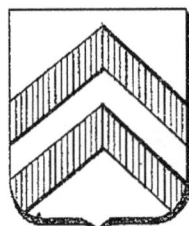

Du Pont Aubevoye
d'Oysonville

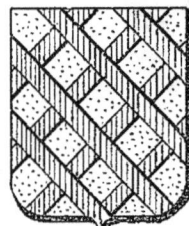

Pontron
(la Communauté de)

Ponts de Cé
(ville. des)

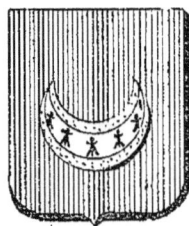

De la Porte
de Vezins

Pouancé
(la ville de)

Poulain
de la Guerche

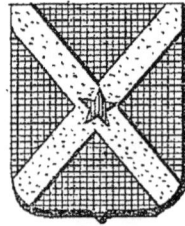

Poulain
de la Forestrie

Poyet

De Préaux

Puy N.D
(ville du)

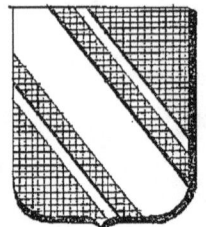

De Quatrebarbes

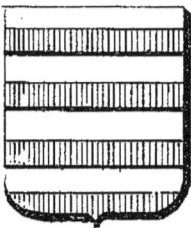

De Quédillac

Quesnay

Quetier

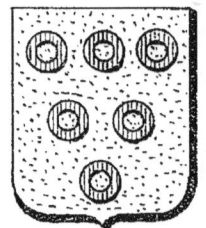

Quincé
(Prieuré de)

Rabut

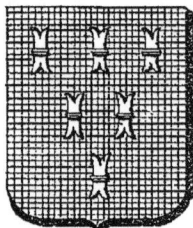

De Racapé

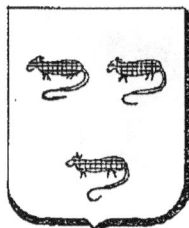

Ragot

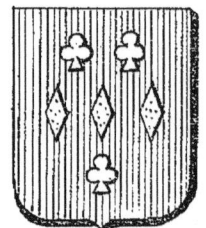

Raimbault
de la Foucherie

De Ramefort

De Rancé

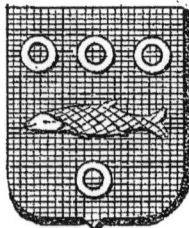

Raoul de
la Guibourgère

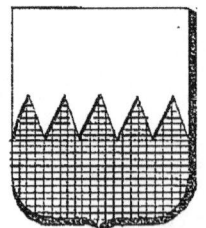

Rapin Duchastel

48

PRINCIPALES ABRÉVIATIONS USITÉES DANS L'ARMORIAL

P. Anselme. — La science héraldique, 1675, in-4°. — Histoire généalogique de France, 9 vol. in-fol., 1726.

Armorial mss. de 1608. — Dans le recueil mss. 995 de la Bibliothèque d'Angers.

Audouys, mss. 994. — Armorial du xviiie siècle, mss. 994 de la Bibliothèque d'Angers.

Ballain. — Annales d'Anjou, mss. 867 de la Biblioth. d'Angers.

Beauchet–Filleau. — Dictionnaire général du Poitou, 1849–1854, 2 vol. in-8°.

Bruneau de Tartifume. — Angers, mss. 871, à la Bibl. d'Angers.

Carré de Busserolle. — Armorial de Touraine publié en 1867, in-8°.

Cauvin. — Armorial du Maine, publié en 1843, in-18. — Supplément par M. de Maude, 1860, in-12.

Chevaliers du Saint-Esprit. — Mss. E. 285, au Prytanée militaire.

De Courcy. — Armorial de Bretagne, publié par Potier de Courcy en 1862, 2e édition, 3 vol. in-4°.

D. P. — Note communiquée.

Dumesnil. — Armorial de Dumesnil d'Aussigné, xviie siècle, dans le recueil mss. 995 à la Bibliothèque d'Angers.

Gaignières. — Armor. mss. de Gaignières, à la Biblioth. nationale.

Gencien. — Armorial (attribué jusqu'ici à Gohory) dressé par Gencien d'Érigné, xviiie siècle, mss. 996 de la Bibl. d'Angers.

D'Hozier mss. — Armorial général officiel dressé de 1696 à 1706, mss. de la Bibliothèque nationale, — généralité de Tours (à moins d'indications contraires).

La Chesnaye-des-Bois. — Dictionn. de la noblesse, édit. de 1869, 15 vol. in-4°.

Lehoreau. — Cérémonial de l'église d'Angers, 1692-1720, mss. à la bibliothèque de l'Evêché d'Angers.

Louvan Geliot. — La vraie et parfaite science des armoiries, in-fol., 1664.

Mss. 14. — Généalogies angevines, 1666, originaux du cabinet des titres, à la Bibliothèque nationale.

Mss. 439. — Maintenue de la noblesse de la généralité de Tours, en 1666, mss. à la Bibliothèque nationale.

Mss. 703. — Arm. mss. d'Anjou du xviiie siècle, Bibl. nationale.

Mss. 972 et 983. — Arm. mss. de Gohory, 1608, Bibl. nationale.

Mss. 993. — Collection de notes héraldiques, recueil de la Bibliothèque d'Angers.

Mss. 995. — Armor. mss. du xviie siècle, à la Biblioth. d'Angers.

Mss. 999 à 1001. — Armoriaux des chevaliers du Croissant, xviie siècle, à la Bibliothèque d'Angers.

Mss. d'Orléans. — Armorial d'Anjou, dressé en 1698, mss. à la Bibliothèque d'Orléans.

Ménage. — Histoire de Sablé (première partie), 1683.

C. Port. — Diction. de Maine-et-Loire, 3 vol. in-8° (1869-1878).

Roger, mss. — Rôle des nobles, écrit par B. Roger au xviie siècle, mss. 995 de la Bibliothèque d'Angers.

Sainte-Marthe. — Histoire généalogique de France, 2 vol. in-fol., 1628.

Sceaux. — Sceaux d'après les empreintes ou les matrices.

Versailles, croisades. — Peintures de la salle des Croisades, palais de Versailles.

www.ingramcontent.com/pod-product-compliance
Lightning Source LLC
Chambersburg PA
CBHW070902280326
41934CB00008B/1548